Listo para el Cambio

Metanoia

Pastor Yendy Phipps

Casa Editorial Phipps LLC

LISTO PARA EL CAMBIO

Metanoia
Cambia tu mente y cambiarás tu vida
30 días que transformarán tu forma de pensar, actuar y vivir
PASTOR YENDY PHIPPS

Casa Editorial Phipps LLC

© 2025 Pastor Yendy Phipps

Iglesia Centro Familiar Cristiano

4600 Powder Mill Rd Suite #300, Beltsville, MD 20705

Library of Congress Control Number: 2025913987

ISBN: 979-8-9993890-0-8 (Papel)

ISBN: 979-8-9993890-1-5 (Libro Electrónico)

TABLA DE CONTENIDO

DEDICATORIA

A mi Señor Jesucristo, el Autor de la vida y el Dueño de todo cambio verdadero. Tu gracia me encontró, me formó y me envió. A ti, sea toda la gloria.

A mi amada esposa Mairelis, compañera de propósito, guerrera de fe y refugio de amor. Gracias por caminar a mi lado en esta jornada de transformación, por creer en mí cuando ni yo mismo lo hacía, y por inspirar con tu vida lo que este libro enseña con palabras.

A mis hijos: Josiah, Ismael y Ruth Esther, mi legado y mi inspiración. Que este libro les recuerde siempre que el cambio verdadero comienza en el corazón, y que el hombre más fuerte es el que se deja moldear por Dios.

A mis pastores Agustín e Ivett López, por su ejemplo, dirección y respaldo incondicional. Gracias por enseñarme que el liderazgo más poderoso no es el que domina, sino el que sirve.

A la Iglesia Centro Familiar Cristiano, mi amada familia espiritual. Este libro nace en medio de ustedes, con la esperanza de que cada página los acerque más al propósito eterno de Dios para sus vidas.

Y a ti, lector amado, que has decidido no conformarte, sino alinear tu mente con la voluntad de Dios. Este libro es una semilla... pero tú, en manos de Dios, eres el terreno fértil para un cambio eterno.

Con todo mi amor pastoral,
Pastor Yendy Phipps

PRÓLOGO

Hay momentos en la vida en los que sentimos que algo tiene que cambiar. No porque otros lo digan, sino porque nuestro corazón lo grita en silencio. Sabemos que no podemos seguir igual. Nos cansamos de tropezar con los mismos errores, de pensar de la misma manera y de vivir repitiendo ciclos que nos desgastan el alma. Este libro nace desde ese clamor profundo que dice: "¡Estoy listo para el cambio!

Metanoia no es una palabra común. Es una palabra poderosa. En el idioma original del Nuevo Testamento, *Metanoia* significa cambio de mente, transformación del pensamiento, un giro radical en la forma de ver la vida. Y cuando la mente cambia, todo cambia. Por eso Jesús no vino solo a salvarnos, sino a renovarnos desde lo más profundo.

Este devocional de treinta días no es un paseo superficial. Es una travesía hacia dentro. Es una invitación a rendir tu mente a la verdad de Dios, a confrontar mentiras que has creído por años, a renovar tu manera de pensar, a romper ciclos de dolor, y a abrazar con fe la vida nueva que Cristo te ofrece.

Cada día está diseñado para acompañarte con una reflexión profunda, una aplicación práctica, una oración sincera y una palabra para memorizar. Además, encontrarás frases de grandes hombres de Dios que han influido en mi vida pastoral, y un espacio personal donde podrás escribir lo que el Espíritu Santo te revela a diario.

Este libro no es un manual de perfección. Es un camino de renovación. Aquí no se exige que llegues cambiado, solo que estés dispuesto a comenzar el proceso.

Y si llegaste hasta aquí, te lo digo con certeza: ya estás listo para el cambio. Ahora, déjate guiar. Día a día. Versículo a versículo. Verás que no estás solo.

Cristo camina contigo. Y en su nombre, tu vida no volverá a ser la misma.

— Pastor Yendy Phipps

AGRADECIMIENTOS

E scribir este libro ha sido un viaje de transformación tanto personal como espiritual. No fue una tarea solitaria. Fue el fruto de años de oración, quebranto, restauración, y del amor constante de personas que han creído en mí incluso en mis temporadas más silenciosas.

En primer lugar, doy gracias a Dios, quien no solo me salvó, sino que continúa transformando mi mente y corazón cada día. Él es el autor del cambio verdadero. Todo lo que soy y todo lo que hago nace de Su gracia.

A mi amada esposa Mairelis, compañera de vida, de ministerio y de sueños. Gracias por tu amor incondicional, por tus oraciones constantes y por caminar a mi lado en este llamado con fe, pasión y dulzura. Este libro lleva también tu huella.

A mis hijos Josiah, Ismael y Ruth Esther, ustedes son la inspiración diaria que me impulsa a seguir creyendo en un futuro lleno de propósito. Gracias por hacerme desear ser un mejor hombre, padre y pastor cada día.

A mis padres: Alfredo Enrique Phipps Senior y mi madre Cristiana de la Cruz Trinidad, que en paz descanse. Gracias por sembrar en mí los valores eternos de fe, respeto, trabajo y amor a Dios. Sus huellas están en cada página de este libro.A mi hermano Alfredo E. Phipps Jr. y a la Casa Editorial Phipps LLC. gracias por creer en este sueño y contribuir con excelencia al nacimiento de esta obra. Su apoyo ha sido fundamental.

A mis pastores y mentores espirituales, el Dr. Agustín López y la pastora Ivett López, gracias por enseñarme a amar la Palabra, a servir con integridad y a caminar con humildad.

A la familia de Centro Familiar Cristiano, gracias por ser terreno fértil donde Dios ha permitido que crezcan tantas semillas de fe. Ustedes han sido testigos y parte de esta transformación.

Y a ti, lector: gracias por atreverte a emprender este viaje de treinta días. Oro para que cada página te acerque más al corazón de Dios y al propósito que Él soñó para ti.

Con todo mi amor,
Yendy Phipps

INTRODUCCIÓN

Este no es solo un libro. Es un punto de partida. Es una declaración de fe que dice: "Estoy listo para algo diferente, algo nuevo, algo transformador." Y esa transformación no comienza por fuera, sino desde adentro... desde la mente.

La Biblia nos dice que debemos ser transformados "al cambiar la manera de pensar" (*Romanos 12:2 NTV*). Ese proceso tiene un nombre: *Metanoia*. Una palabra que en su esencia significa un cambio profundo de mente, una nueva dirección, una manera distinta de ver la vida y de relacionarnos con Dios, con los demás y con nosotros mismos.

La mente es el campo de batalla de nuestra fe. Es allí donde se libran las guerras más silenciosas, donde nacen las dudas, las inseguridades, los temores... pero también donde se plantan las semillas del cambio, la libertad y la renovación. Si cambiamos la mente, cambia todo lo demás.

Por eso, este libro está diseñado como una travesía de treinta días. No es casualidad. Según psicólogos y expertos en neurociencia, se necesita un mínimo de treinta días para establecer un nuevo hábito mental. No se trata de magia, sino de constancia. Leer cada día, reflexionar, aplicar la verdad de Dios, y escribir tus avances, permitirá que lo que hoy es semilla, se convierta en fruto visible.

Cada día contiene una reflexión, una aplicación práctica, una oración, un versículo para memorizar, una frase inspiradora y un espacio personal para que documentes tu transformación espiritual. También encontrarás preguntas diseñadas para ayudarte a profundizar y establecer una conversación real con Dios.

Aquí no se exige perfección. Solo disposición. Dios no necesita que llegues completo para empezar contigo, solo que estés disponible para el cambio.

Este libro te va a confrontar, retar, consolar y guiar. Pero sobre todo, te va a acercar al corazón del Dios que transforma, que renueva y que hace nuevas todas las cosas.

¿Estás listo para cambiar tu mente... y cambiar tu vida? Entonces abre la primera página. Comienza el día uno. Y no mires atrás.

Inicio de Semana 1

Reconoce la batalla

"La transformación comienza cuando reconoces dónde estás."

En esta primera semana, vamos a abrir los ojos a una verdad espiritual crucial: la mente es un campo de batalla.

No podemos cambiar lo que no reconocemos. Y muchas veces, los mayores enemigos que enfrentamos no están fuera, sino dentro: pensamientos tóxicos, voces internas de derrota, creencias heredadas que no provienen de Dios.

Dios no nos llama a ignorar esa lucha, sino a enfrentarla con la verdad. Esta semana, descubrirás cómo tus pensamientos afectan tu vida, y cómo al renovarlos puedes comenzar una verdadera transformación:

- Vas a identificar las mentiras que te han limitado.

- Vas a dejar de conformarte con una vida controlada por el pasado.

- Y vas a comenzar a ver tu mente como Dios la ve: un lugar listo para ser renovado y redimido.

Este es el punto de partida. No importa cuánto tiempo hayas estado atrapado en los mismos pensamientos: ¡Dios puede comenzar contigo hoy!

Estás en guerra... pero no estás solo.

La victoria empieza con reconocer la batalla.

Día 1 – El campo de batalla es la mente

Texto base

Romanos 12:2 (NTV) *No imiten las conductas ni las costumbres de este mundo, más bien dejen que Dios los transforme en personas nuevas al cambiarles la manera de pensar. Entonces aprenderán a conocer la voluntad de Dios para ustedes, la cual es buena, agradable y perfecta.*

Reflexión

Toda transformación espiritual verdadera comienza en un lugar específico: la mente. No es casualidad que Pablo, en su carta a los romanos, haga un llamado tan urgente y claro: "dejen que Dios los transforme al cambiarles la manera de pensar". Eso significa que cualquier cambio duradero no empieza con una nueva rutina, una resolución de año nuevo o una estrategia humana, sino con una renovación profunda de nuestros pensamientos.

Nuestra mente es un campo de batalla donde se libran guerras invisibles. Pensamientos de duda, temor, culpa, condenación o confusión muchas veces ocupan más espacio del que deberían. Y si no tomamos control sobre ellos, terminan controlándonos a nosotros. Cada pensamiento cuenta, porque cada pensamiento moldea nuestras decisiones, nuestras emociones y en última instancia, nuestra vida.

Jesús vino a darnos vida y vida en abundancia. Pero esa vida nueva comienza cuando permitimos que Su verdad reemplace nuestras mentiras. Este primer día es una invitación a ser consciente de esa guerra interna y a decidir quién va a tener la última palabra: tus pensamientos... ¿o la Palabra de Dios?

No puedes evitar que un pensamiento toque tu puerta, pero sí puedes decidir si le abres o no. Rendir tu mente a Cristo es una decisión diaria. Y ese es el primer paso hacia una vida renovada.

Quizás has vivido años creyendo que no puedes cambiar, que así eres y así seguirás. Pero eso es una mentira más del enemigo. En Cristo, tienes la mente de Dios, tienes acceso a la verdad que libera, y al poder del Espíritu Santo que transforma. Hoy no se trata de esforzarte más, sino de rendirte más. Ríndele tu mente a Jesús, y Él comenzará a ordenarla, sanarla y llenarla de Su paz.

Este día marca el inicio de una nueva etapa. Una etapa donde no caminas solo, sino con la guía del Espíritu. Donde tus pensamientos ya no serán dictados por el pasado, sino dirigidos por el propósito eterno que Dios tiene para ti.

Aplicación

Haz una pausa y examina tus pensamientos dominantes. ¿Son pensamientos de fe o de derrota? ¿Estás permitiendo que el mundo moldee tu manera de pensar o estás dejando que Dios la transforme? Hoy, comienza a identificar y reemplazar todo pensamiento que no esté alineado con la verdad de la Palabra.

Oración

Señor, hoy reconozco que la batalla más grande no está afuera, sino dentro de mí. Ayúdame a alinear mis pensamientos con tu Palabra y a vivir con una mente renovada por tu Espíritu. Rompe las mentiras que me han mantenido atado y enséñame a vivir en la libertad de tu verdad. En el nombre de Jesús, amén.

Para memorizar

Proverbios 4:23 (PDT) – *"Ante todo, cuida tus pensamientos porque ellos controlan tu vida."*

Frase del día

"La renovación de la mente es el terreno donde se edifica una vida renovada." — *Tony Evans*

Preguntas para meditar

- ¿Qué pensamientos negativos han estado dominando tu mente últimamente?

- ¿Cómo ha afectado tu manera de pensar tu comportamiento y emociones?

- ¿Estás listo para rendir tu mente al control del Espíritu Santo?

Espacio personal

Reflexionar: (Sobre las preguntas del día o lo que más te impactó)

Lo que Dios me dijo hoy: (Un pensamiento, una palabra, una convicción del Espíritu)

Lo que rendiré ante Dios hoy:(Actitudes, temores, pensamientos, decisiones)

Registro de cambio: (Lo que Dios está transformando en mí)

Compromiso personal: (Un paso concreto que daré hoy)

Día 2 – El poder del arrepentimiento

T exto base

> ***Hechos 3:19 (NTV)*** *Ahora pues, arrepiéntanse de sus pecados y vuelvan a Dios, para que sus pecados sean borrados. Entonces, de la presencia del Señor vendrán tiempos de refrigerio.*

Reflexión

Hay palabras que el mundo ha querido silenciar, pero que en el Reino de Dios tienen un poder inmenso. Arrepentimiento es una de ellas. No es un castigo emocional, ni una señal de debilidad. Es el primer paso hacia una vida restaurada, hacia una mente renovada y hacia una relación viva con Dios.

El arrepentimiento no es simplemente sentir remordimiento. Es un cambio de dirección. Es decirle a Dios: "Voy en la dirección equivocada, y decido dar la vuelta". En el idioma original, esa palabra tiene que ver con un cambio de mentalidad que transforma el corazón y la conducta. Es *Metanoia* en acción.

Cuando nos arrepentimos de verdad, abrimos la puerta a la gracia de Dios. Él no solo nos perdona; nos limpia, nos restaura y nos refresca con Su presencia. Eso es lo que promete el versículo de hoy: que, al volvernos a Dios, Él no viene con condenación, sino con refrigerio.

¡Qué hermosa promesa!

Muchos viven atrapados porque no han reconocido el poder liberador del arrepentimiento. Siguen cargando culpas, repitiendo errores, ocultando heridas, y pensando que Dios está lejos. Pero Dios está más cerca de lo que creemos. Él solo está esperando un corazón quebrantado, un "me equivoqué" sincero, una rendición real.

Arrepentirse es abrirle espacio a la transformación. Es decir: "Dios, hazlo a tu manera, no a la mía". Y cuando llegamos a ese punto, las cadenas comienzan a caer, la mente comienza a aclararse, y el corazón empieza a sanar. Porque no hay transformación sin arrepentimiento y no hay arrepentimiento sin humildad.

Este es el día para soltar el orgullo, dejar la negación, y abrazar el poder del arrepentimiento. No para hundirte en culpa, sino para ser levantado por la gracia.

Aplicación

Tómate un momento en silencio y pregúntale al Espíritu Santo qué áreas de tu vida necesitan arrepentimiento genuino. Escribe lo que Él te muestre. Luego, entrégaselo con sinceridad. No lo justifiques, no lo escondas, solo ríndelo. Dios ya te está esperando con brazos abiertos.

Oración

Señor, reconozco que he fallado y que necesito tu perdón. Hoy no quiero esconderme más. Me arrepiento de todo aquello que ha entristecido tu corazón y ha dañado el mío. Límpiame, restaura mi alma y renueva mi mente. Recibo tu gracia y tu amor. En el nombre de Jesús, amén.

Para memorizar

Salmo 51:17 (NTV) – *"El sacrificio que sí deseas es un espíritu quebrantado; tú no rechazarás un corazón arrepentido y quebrantado, oh Dios."*

Frase del día

"El arrepentimiento no es el final del camino, es el comienzo de la restauración." — *Rick Warren*

Preguntas para meditar

- ¿Hay algo que sabes que necesitas rendir a Dios, pero has postergado?
- ¿Qué idea equivocada del arrepentimiento necesitas dejar atrás?

- ¿Cómo cambiaría tu vida si comienzas a vivir con un corazón arrepentido cada día?

Espacio personal

Reflexionar: (Sobre las preguntas del día o lo que más te impactó)

Lo que Dios me dijo hoy: (Un pensamiento, una palabra, una convicción del Espíritu)

Lo que rendiré ante Dios hoy: (Actitudes, temores, pensamientos, decisiones)

Registro de cambio: (Lo que Dios está transformando en mí)

Compromiso personal: (Un paso concreto que daré hoy)

Día 3 – Identifica la Mentira

Texto base

Juan 8:32 (NTV) Y conocerán la verdad, y la verdad los hará libres.

Reflexión

Muchos cristianos caminan con el corazón redimido, pero con la mente aún cautiva. ¿Por qué? Porque aunque Cristo los ha hecho libres, siguen creyendo mentiras que el enemigo sembró en su interior hace años.

La mentira tiene poder... solo cuando la creemos. Satanás es llamado el padre de mentira porque su estrategia no siempre es el ataque directo, sino el susurro sutil. Nos convence de que no valemos, de que no podremos, de que Dios no nos oye, de que no somos suficientes. Y si esas mentiras echan raíz en nuestra mente, comenzamos a actuar como si fueran verdad.

Jesús lo dejó claro: la verdad es lo que trae libertad. Pero no cualquier verdad: la Suya. La que encontramos en Su Palabra. La que revela quiénes somos en Él. Cuando identificamos una mentira y la reemplazamos por una verdad de Dios, estamos renovando nuestra mente.

¿Qué mentiras has creído? Tal vez piensas que nunca serás libre de ese pecado secreto. O que Dios está decepcionado contigo. O que no mereces nada bueno. Hoy, el Espíritu Santo quiere ayudarte a confrontar esas voces falsas con la voz de tu Padre celestial.

Una mente transformada no es una mente perfecta, sino una mente que aprende a filtrar cada pensamiento. No aceptes todo lo que piensas como verdadero. Examina tus pensamientos a la luz de la verdad bíblica. Esa es tu arma más poderosa contra la esclavitud mental.

Hoy es el día para comenzar a detectar esas mentiras que han operado en silencio. Mentiras sobre tu identidad, tu pasado, tu valor o tu futuro. Y al hacerlo, estarás dando un paso más hacia la libertad que solo Cristo puede ofrecer.

Aplicación

Haz una lista honesta de las mentiras que has estado creyendo sobre ti mismo, Dios o tu futuro. Luego, busca una verdad bíblica que las contradiga. Escríbelas juntas, y declara esa verdad cada día hasta que tu mente empiece a alinearse con la realidad de Dios.

Oración

Señor, gracias porque tu verdad me libera. Hoy te pido que me muestres toda mentira que he creído sin darme cuenta. Reemplaza cada pensamiento falso con tu Palabra. Ayúdame a vivir con una mente alineada a tu verdad. En el nombre de Jesús, amén.

Para memorizar

2 Corintios 10:5 (NTV) – *"Destruimos todo obstáculo de arrogancia que impide que la gente conozca a Dios. Capturamos los pensamientos rebeldes y enseñamos a las personas a obedecer a Cristo."*

Frase del día

"No puedes tener una vida libre si permites pensamientos cautivos." — *Craig Groeschel*

Preguntas para meditar

- ¿Qué mentiras has creído acerca de ti o de Dios?

- ¿Cómo puedes identificar si un pensamiento proviene de Dios o del enemigo?

- ¿Qué verdad bíblica necesitas declarar hoy sobre tu vida?

Espacio Personal

Reflexionar: (Sobre las preguntas del día o lo que más te impactó)

Lo que Dios me dijo hoy: (Un pensamiento, una palabra, una convicción del Espíritu)

Lo que rendiré ante Dios hoy: (Actitudes, temores, pensamientos, decisiones)

Registro de cambio: (Lo que Dios está transformando en mí)

Compromiso personal: (Un paso concreto que daré hoy)

DÍA 4 – CAMBIA TU FORMA DE HABLAR

T exto base

Proverbios 18:21 (NTV) La lengua puede traer vida o muerte; los que hablan mucho cosecharán las consecuencias.

Reflexión

Hay una conexión directa entre lo que pensamos y lo que decimos. La mente y la boca están íntimamente ligadas y muchas veces, nuestra boca revela el estado de nuestra mente. Por eso, si queremos cambiar nuestra vida, no basta solo con cambiar lo que pensamos: también debemos cambiar lo que decimos.

El sabio Salomón nos recuerda que en la lengua hay poder para dar vida o para destruir. Nuestras palabras pueden levantar o derribar, afirmar o anular, sanar o herir. Pero lo más importante es que nuestras palabras nos programan mentalmente. Lo que repetimos se vuelve convicción, y lo que creemos profundamente termina moldeando nuestra conducta.

Cuando constantemente decimos "no puedo", "esto siempre me pasa a mí", "nunca cambiaré", estamos reforzando pensamientos de derrota. Pero si decidimos comenzar a hablar en fe, aunque aún no veamos resultados, estamos colaborando con Dios en el proceso de renovación de nuestra mente y de transformación de nuestra vida.

Jesús mismo dijo que de la abundancia del corazón habla la boca. Así que nuestras palabras son termómetros de nuestro interior. Si queremos ver resultados distintos, debemos hablar diferente. No es positivismo vacío, es una declaración basada en la verdad de Dios. Es proclamar lo que Él dice de mí, aun cuando mis emociones digan lo contrario.

Hablar con fe no niega la realidad, pero exalta la verdad de Dios por encima de ella. Tus palabras tienen el poder de alinear tu mente con el cielo o de encadenarte a tus propias limitaciones. Hoy puedes comenzar a usar tu boca como instrumento de bendición, de edificación y de transformación personal.

Aplicación

Haz un inventario de las frases que más repites durante el día. ¿Son palabras de fe, esperanza y verdad... o de duda, queja y derrota? Hoy, escribe tres declaraciones basadas en la Palabra de Dios que deseas comenzar a repetir cada mañana. Decláralas con convicción.

Oración

Señor, ayúdame a usar mi boca para hablar vida. Perdóname por todas las veces que he declarado derrota, temor o desesperanza. Hoy decido alinear mis palabras con tu verdad. Que cada frase que salga de mis labios edifique mi vida y bendiga a los que me rodean. En el nombre de Jesús, amén.

Para memorizar

Efesios 4:29 (NTV) – *"No empleen un lenguaje grosero ni ofensivo. Que todo lo que digan sea bueno y útil, a fin de que sus palabras resulten de estímulo para quienes las oigan."*

Frase del día

"Tus palabras son semillas. Lo que siembras con tu boca, lo cosecharás en tu vida." — *John Maxwell*

Preguntas para meditar

- ¿Qué frases necesitas eliminar de tu vocabulario diario?

- ¿Estás usando tus palabras para fortalecer tu fe o para alimentar tus temores?

- ¿Qué pasaría si cada día declararas la verdad de Dios sobre ti mismo?

Espacio Personal

Reflexionar: (Sobre las preguntas del día o lo que más te impactó)

Lo que Dios me dijo hoy: (Un pensamiento, una palabra, una convicción del Espíritu)

Lo que rendiré ante Dios hoy: (Actitudes, temores, pensamientos, decisiones)

Registro de cambio: (Lo que Dios está transformando en mí)

Compromiso personal: (Un paso concreto que daré hoy)

Día 5 – Enfrenta el sabotaje interno

Texto base

Romanos 7:23-24 (NTV) *Pero hay otro poder dentro de mí que está en guerra con mi mente. Ese poder me esclaviza al pecado que todavía está dentro de mí. ¡Soy un pobre desgraciado! ¿Quién me libertará de esta vida dominada por el pecado y la muerte?*

Reflexión

A veces, nuestro mayor enemigo no está afuera... está dentro. No es el diablo, ni las circunstancias, ni siquiera otras personas. Es ese diálogo interno, silencioso y constante, que sabotea nuestros intentos de avanzar. Es esa voz que nos dice: "no puedes", "no vales", "nunca vas a cambiar".

Pablo describe esta lucha interna de forma cruda y honesta. Habla de un poder que opera en guerra contra nuestra mente. Una batalla invisible, pero real. ¿Quién no ha sentido esa tensión entre lo que quiere hacer y lo que termina haciendo? Esa es la marca del sabotaje interno.

Este sabotaje puede disfrazarse de perfeccionismo, miedo al fracaso, autocompasión o incluso espiritualidad falsa. Se presenta como una serie de excusas bien elaboradas que nos impiden obedecer, crecer o avanzar. Y si no somos conscientes, terminamos atrapados en un ciclo de frustración espiritual.

Pero la buena noticia es que no estamos solos en esta lucha. Pablo no se queda en el grito de angustia; en el siguiente versículo proclama: "Gracias a Dios, la respuesta está en Jesucristo nuestro Señor". Eso significa que el sabotaje interno puede ser vencido. No por fuerza de voluntad, sino por la gracia de Aquel que habita en nosotros.

Cuando traemos nuestros pensamientos a la luz de la Palabra, el enemigo pierde su terreno. Cuando confesamos nuestras luchas, rompemos el ciclo de culpa. Cuando decidimos enfrentar en lugar de esconder, empezamos a recuperar terreno perdido.

Hoy es el día para dejar de sabotear tu propio crecimiento. Es el momento de identificar esas ideas, actitudes y emociones que te han estado limitando. Porque en Cristo, no estamos llamados a vivir esclavizados al conflicto interno, sino a caminar en la libertad que Él compró para nosotros.

Aplicación

Escribe tres pensamientos o frases que constantemente te sabotean. Luego, ora y pide a Dios que te revele la raíz de esos pensamientos. Busca un versículo que los confronte y comienza a declarar esa verdad cada vez que esa voz interna quiera detenerte.

Oración

Señor, reconozco que muchas veces yo mismo he sido mi peor enemigo. Hoy rindo mis pensamientos y emociones delante de ti. Enséñame a vivir desde tu verdad y no desde mis temores. Gracias porque en Cristo hay libertad para mi mente. Amén.

Para memorizar

2 Timoteo 1:7 (NTV) – "Pues Dios no nos ha dado un espíritu de temor y timidez sino de poder, amor y autodisciplina."

Frase del día

"Cuando enfrentas tus pensamientos, los pensamientos pierden poder." — Joyce Meyer

Preguntas para meditar

• ¿Qué pensamientos te sabotean más seguido?

- ¿Cómo puedes identificar si es el Espíritu Santo hablándote o tu miedo?

- ¿Qué verdad de Dios necesitas afirmar hoy en medio de esa lucha interna?

Espacio Personal

Reflexionar: (Sobre las preguntas del día o lo que más te impactó)

Lo que Dios me dijo hoy: (Un pensamiento, una palabra, una convicción del Espíritu)

Lo que rendiré ante Dios hoy: (Actitudes, temores, pensamientos, decisiones)

Registro de cambio: (Lo que Dios está transformando en mí)

Compromiso personal: (Un paso concreto que daré hoy)

DÍA 6 – NO CREAS TODO LO QUE PIENSAS

T exto base

Jeremías 17:9 (NTV) El corazón humano es lo más engañoso que hay, y extremadamente perverso. ¿Quién realmente sabe qué tan malo es?

Reflexión

Vivimos en una época donde se valora mucho la autenticidad emocional. Nos dicen: "sigue tu corazón", "haz lo que sientas", "confía en tu intuición". Pero la Biblia nos da una advertencia clara: no todo lo que sentimos o pensamos es verdad. Nuestro corazón puede ser engañoso, y nuestros pensamientos pueden estar distorsionados por heridas, temores, culpas o creencias erradas.

No todo lo que pasa por tu mente merece tu atención. Algunos pensamientos son como nubes oscuras: llegan, pero no se quedan... a menos que tú les des lugar. Es fácil asumir que, si pienso algo, debe ser verdad. Pero la realidad es que muchos de nuestros pensamientos necesitan ser evaluados, filtrados y redimidos por la Palabra de Dios.

Cuando creemos todo lo que pensamos, estamos abriendo la puerta a la confusión, al autoengaño y a decisiones impulsivas. Por eso, renovar la mente no solo es reemplazar lo malo por lo bueno, sino aprender a discernir. Discernir entre lo que viene de Dios, lo que proviene de nuestras emociones heridas, y lo que el enemigo quiere plantar.

Dios nos ha dado Su Espíritu y Su Palabra para que podamos confrontar esos pensamientos engañosos. No estás obligado a creer cada voz que resuena en tu interior. Tienes el derecho espiritual y la responsabilidad de examinar tus pensamientos antes de aceptarlos como verdad.

El crecimiento espiritual no solo se mide por cuánto sabes, sino por cómo piensas. Y para pensar bien, necesitas una mente que no se rinda ante cualquier pensamiento, sino que se sujete a la verdad eterna de Dios.

Hoy es un buen día para declarar: "Mis pensamientos no gobiernan mi vida; la verdad de Dios sí." Esa es la actitud de una mente renovada.

Aplicación

Durante el día de hoy, cada vez que venga un pensamiento negativo, pregúntate: ¿Esto lo dice Dios sobre mí? ¿Esto está alineado con Su Palabra? Si no, descártalo. Haz un esfuerzo consciente por no creer todo lo que piensas, sino solo lo que Dios afirma como verdad.

Oración

Señor, gracias por darme la capacidad de pensar. Pero reconozco que no todo lo que pienso es verdad. Ayúdame a discernir los pensamientos que me alejan de ti. Enséñame a rendir mi mente a tu Palabra. No quiero vivir engañado por mis emociones o por mentiras. Quiero vivir guiado por tu verdad. En el nombre de Jesús, amén.

Para memorizar

Filipenses 4:8 (NTV) – *"Concéntrense en todo lo que es verdadero, todo lo honorable, todo lo justo, todo lo puro, todo lo bello y todo lo admirable."*

Frase del día

"No todo pensamiento merece tu atención. Dale espacio solo a lo que edifica." — *David Jeremiah*

Preguntas para meditar

- ¿Qué pensamientos frecuentes te das cuenta hoy que no son verdad?

- ¿Por qué es tan importante filtrar lo que piensas a la luz de la Palabra?

- ¿Qué pensamiento necesitas reemplazar hoy con una promesa de Dios?

Espacio Personal

Reflexionar: (Sobre las preguntas del día o lo que más te impactó)

Lo que Dios me dijo hoy: (Un pensamiento, una palabra, una convicción del Espíritu)

Lo que rendiré ante Dios hoy: (Actitudes, temores, pensamientos, decisiones)

Registro de cambio: (Lo que Dios está transformando en mí)

Compromiso personal: (Un paso concreto que daré hoy)

DÍA 7 – DECÍDETE A RENOVAR TU MENTE

Texto base

Efesios 4:23-24 (NTV) *Dejen que el Espíritu les renueve los pensamientos y las actitudes. Pónganse la nueva naturaleza, creada para ser a la semejanza de Dios, quien es verdaderamente justo y santo.*

Reflexión

Renovar la mente no es una emoción, es una decisión. Es un acto voluntario y constante de permitir que el Espíritu Santo reemplace pensamientos viejos por una mentalidad celestial. Pablo nos anima en Efesios a despojarnos del viejo yo y a vestirnos con una nueva manera de pensar, una nueva actitud, un nuevo enfoque.

Muchas veces queremos resultados nuevos sin decisiones nuevas. Queremos paz, pero seguimos alimentando el caos. Queremos transformación, pero mantenemos pensamientos que nos anclan al pasado. Renovar la mente comienza con una decisión firme: no seguir viviendo igual. Es reconocer que algo necesita cambiar y que ese cambio empieza en lo invisible.

Dios no nos fuerza a cambiar, pero nos invita a ser transformados. Esa transformación no es automática; ocurre cuando elegimos diariamente rendir nuestra mente a la Palabra y al Espíritu. Cada día tenemos la oportunidad de pensar de forma diferente, de hablar diferente, de actuar conforme a la nueva identidad que tenemos en Cristo.

La renovación no es un destino, es un proceso. No importa cuánto hayas caído o cuán estancado te sientas. Si hoy decides permitir que Dios renueve tu mente, estás dando un paso clave en tu sanidad y propósito.

No eres esclavo de tu pasado, ni de tus pensamientos repetitivos. Eres libre en

Cristo para pensar como Él, para vivir como Él y para decidir cada día caminar con una mentalidad renovada. No dejes que la duda te paralice. Hoy es el mejor día para decir: "Señor, empiezo de nuevo... pero esta vez contigo renovando mi mente".

Aplicación

Hoy, toma una decisión práctica: aparta un momento para declarar tu intención de renovar tu mente. Escríbela, ora en voz alta, compártela con alguien que te acompañe en el proceso. Recuerda: no basta con desearlo... hay que decidirlo. Haz de esta renovación un estilo de vida, no un evento.

Oración

Señor, hoy decido renovar mi mente. Renuncio a todo pensamiento que me aleja de ti y abrazo tu verdad que me transforma. No quiero seguir pensando igual, quiero pensar como tú. Hazme consciente de lo que debo soltar, y dame la gracia para abrazar lo nuevo. En el nombre de Jesús, amén.

Para memorizar

Romanos 12:2 (NTV) *– "Dejen que Dios los transforme en personas nuevas al cambiarles la manera de pensar."*

Frase del día

"Tu vida se mueve en la dirección de tus pensamientos más dominantes." — Craig Groeschel

Preguntas para meditar

- ¿Qué decisión concreta puedes tomar hoy para renovar tu mente?

- ¿Qué pensamiento necesitas reemplazar con la verdad de Dios?

- ¿Cómo cambiaría tu vida si adoptas la mente de Cristo cada día?

Espacio Personal

Reflexionar: (Sobre las preguntas del día o lo que más te impactó)

Lo que Dios me dijo hoy: (Un pensamiento, una palabra, una convicción del Espíritu)

Lo que rendiré ante Dios hoy: (Actitudes, temores, pensamientos, decisiones)

Registro de cambio: (Lo que Dios está transformando en mí)

Compromiso personal: (Un paso concreto que daré hoy)

FIN DE SEMANA 1

RECONOCE LA BATALLA...

pero no olvides quién ya ganó la guerra.

*L*legaste al final de una semana intensa, profunda, reveladora. Esta primera etapa ha sido un llamado a abrir los ojos, a reconocer que muchas de las batallas que enfrentas comienzan en tu mente. Pero también ha sido una invitación divina a no quedarte atrapado allí.

Sí, hay una guerra... pero tú no estás solo. El Espíritu Santo está contigo. Cada día que decides rendir tus pensamientos, cada vez que reemplazas una mentira con la verdad de Dios, cada momento en que eliges perdonarte y comenzar de nuevo —estás avanzando.

No se trata de perfección, sino de transformación. Y esa transformación ya comenzó en ti. Lo que empezó como un devocional puede convertirse en un estilo de vida si sigues caminando de la mano de Jesús.

La próxima semana nos moveremos de la batalla hacia la construcción. Vamos a hablar de establecer nuevos pensamientos, de crear hábitos firmes, y de comenzar a vivir desde tu nueva identidad.

Así que... no sueltes el ritmo. ¡Dios aún no ha terminado contigo!

"La mente es el campo de batalla, pero la victoria pertenece a quienes permanecen en la verdad."

— *Pastor Yendy Phipps*

INICIO DE SEMANA 2

CONSTRUYE NUEVOS PENSAMIENTOS

"No basta con derribar fortalezas... hay que edificar verdades."

La semana pasada reconociste la batalla en tu mente. Identificaste mentiras, confrontaste pensamientos tóxicos y tomaste decisiones valientes. Pero ahora comienza una nueva fase en tu transformación: construir.

No se trata solo de eliminar lo viejo, sino de establecer lo nuevo. Si no reemplazas el terreno vacío con verdad, las mentiras volverán a ocupar su lugar. Por eso, esta semana te enfocarás en llenar tu mente con pensamientos saludables, bíblicos y transformadores.

Dios no solo quiere que te deshagas de lo que te limita... Él quiere darte una nueva forma de pensar. Y eso requiere intención, perseverancia y práctica espiritual. Renovar la mente no es magia, es un proceso diario que produce frutos eternos.

Esta semana aprenderás a:

- Identificar patrones mentales dañinos.

- Construir pensamientos alineados con tu identidad en Cristo.

- Afirmar la verdad de Dios sobre ti, incluso en medio de la duda.

Prepárate para sembrar pensamientos que traerán cosechas de vida. Porque tu mente puede convertirse en el jardín donde florece tu propósito.

DÍA 8 – CAUTIVO O LIBRE

Texto base

2 Corintios 10:5 (NTV) *Destruimos todo obstáculo de arrogancia que impide que la gente conozca a Dios. Capturamos los pensamientos rebeldes y enseñamos a las personas a obedecer a Cristo.*

Reflexión

¿Alguna vez te has sentido atrapado por un pensamiento? Una idea que da vueltas en tu mente, te paraliza, te desanima o incluso te hace dudar de ti mismo o de Dios. Todos hemos estado ahí. La mente humana puede convertirse en una cárcel... o en un campo de libertad. Todo depende de a quién le das el control.

Pablo nos enseña que hay pensamientos que deben ser capturados. No alimentados. No tolerados. No justificados. Capturados. Como un soldado que toma prisionero a un enemigo para que no siga haciendo daño. Y esos pensamientos deben ser llevados a obedecer a Cristo.

Esto no es una sugerencia emocional, es una estrategia espiritual. No podemos vivir en libertad si no controlamos lo que pensamos. Y no podemos controlar lo que pensamos si no conocemos la verdad de Dios. El poder de la renovación de la mente está en esa acción continua: capturar lo que no proviene de Dios y reemplazarlo por lo que sí lo representa.

Cada vez que permites que un pensamiento gobierne tu día, estás eligiendo ser cautivo... o libre. Eres libre cuando decides que tu mente no será territorio del enemigo, sino dominio del Espíritu Santo. Libre cuando dejas de creer todo lo que sientes y comienzas a creer lo que Dios ha dicho.

Tienes el derecho espiritual de controlar tus pensamientos. No porque seas fuerte, sino porque tienes al Espíritu que te fortalece. Hoy puedes declarar: "Mis pensamientos no me dominan, yo los someto a la obediencia de Cristo". Y esa es una declaración de libertad.

Aplicación

Haz una lista de los pensamientos que han estado cautivando tu mente últimamente. Ahora, toma cada uno y enfréntalo con una verdad bíblica. Declara esa verdad en oración y haz el ejercicio de someter ese pensamiento a Cristo cada vez que vuelva.

Oración

Señor, gracias por darme poder a través de tu Espíritu. Hoy decido no ser prisionero de mis pensamientos, sino llevarlos a obedecer a Cristo. Dame claridad, convicción y fuerza para detectar las mentiras y proclamar tu verdad. En el nombre de Jesús, amén.

Para memorizar

Juan 8:36 (NTV) – *"Así que, si el Hijo los hace libres, ustedes son verdaderamente libres."*

Frase del día

"La libertad no es ausencia de lucha, es dominio espiritual sobre tus pensamientos."
— *Tony Evans*

Preguntas para meditar

- ¿Qué pensamientos has permitido que te mantengan cautivo?

- ¿Cómo puedes comenzar a tomar autoridad espiritual sobre tu mente?

- ¿Qué significa para ti ser libre en Cristo mentalmente?

Espacio Personal

Reflexionar: (Sobre las preguntas del día o lo que más te impactó)

Lo que Dios me dijo hoy: (Un pensamiento, una palabra, una convicción del Espíritu)

Lo que rendiré ante Dios hoy: (Actitudes, temores, pensamientos, decisiones)

Registro de cambio: (Lo que Dios está transformando en mí)

Compromiso personal: (Un paso concreto que daré hoy)

Día 9 – Rompiendo la culpa crónica

Texto base

Salmos 32:5 (NTV) *Finalmente te confesé todos mis pecados y ya no intenté ocultar mi culpa. Me dije: «Le confesaré mis rebeliones al Señor», ¡y tú me perdonaste! Toda mi culpa desapareció.*

Reflexión

La culpa crónica es como un eco en el alma que no se calla. Aunque sepas que Dios te ha perdonado, sigues sintiéndote sucio, indigno o incapaz. No es solo un sentimiento pasajero, es una prisión mental donde muchas veces los hijos de Dios quedan atrapados.

David, el autor del salmo que leímos hoy, sabía lo que era vivir con culpa. Su pecado lo perseguía, le robaba la paz, lo debilitaba por dentro. Pero encontró libertad cuando decidió confesarlo todo ante Dios. No a medias, no adornado, sino con honestidad y vulnerabilidad. Fue entonces cuando la culpa desapareció.

La culpa no confesada se convierte en carga, pero la culpa confesada se convierte en testimonio. Y ese es el poder del perdón divino: no solo borra tu pecado, sino que sana tu corazón. Pero aquí es donde muchos tropiezan: se sienten perdonados por Dios, pero no logran perdonarse a sí mismos.

La culpa crónica no se rompe con más esfuerzo, se rompe con más gracia. Es aceptar que el sacrificio de Jesús fue suficiente. Que tu error no es más grande que su cruz. Y que no fuiste llamado a cargar lo que Él ya llevó en tu lugar.

Cuando tu mente es renovada por el perdón, ya no caminas en condenación, sino en redención. Ya no vives escondido, sino agradecido. Hoy es el día para mirar al cielo y declarar: "Soy libre de la culpa, porque Cristo me ha perdonado." Esa no es una emoción, es una verdad eterna.

Aplicación

Escribe una carta sincera a Dios confesando eso que todavía te causa culpa, aunque ya hayas pedido perdón. Luego, léela en oración, recíbelo por fe, y rompe esa hoja como símbolo de que esa culpa ya no tiene poder sobre ti.

Oración

Padre, gracias por tu perdón que no tiene condiciones. Hoy renuncio a vivir atrapado en la culpa. Acepto tu gracia, descanso en tu amor, y camino en tu libertad. No soy definido por mi pasado, sino por tu perdón. En el nombre de Jesús, amén.

Para memorizar

Romanos 8:1 (NTV) *– "Por lo tanto, ya no hay condenación para los que pertenecen a Cristo Jesús."*

Frase del día

"Dios ya no te culpa. ¿Por qué sigues culpándote tú?" — Rick Warren

Preguntas para meditar

- ¿Qué culpa has estado cargando aun sabiendo que Dios ya te perdonó?
- ¿Qué te impide soltar esa culpa de una vez por todas?
- ¿Cómo cambiaría tu vida si caminaras todos los días creyendo que eres perdonado?

Espacio Personal

Reflexionar: (Sobre las preguntas del día o lo que más te impactó)

Lo que Dios me dijo hoy: (Un pensamiento, una palabra, una convicción del Espíritu)

Lo que rendiré ante Dios hoy: (Actitudes, temores, pensamientos, decisiones)

Registro de cambio: (Lo que Dios está transformando en mí)

Compromiso personal: (Un paso concreto que daré hoy)

DÍA 10 – VENCIENDO LA ANSIEDAD CON LA VERDAD

Texto base

Filipenses 4:6-7 (NTV) No se preocupen por nada; en cambio, oren por todo. Díganle a Dios lo que necesitan y denle gracias por todo lo que él ha hecho. Así experimentarán la paz de Dios, que supera todo lo que podemos entender. Su paz cuidará su corazón y su mente mientras vivan en Cristo Jesús.

Reflexión

La ansiedad no siempre se ve como una tormenta; a veces, es como una llovizna constante que empaña la visión y agota el alma. Nos roba el gozo del presente con miedos sobre el futuro. Nos hace imaginar catástrofes que nunca ocurren y nos aleja de la paz que Dios ya nos ofreció.

Pablo no escribió Filipenses desde una playa, sino desde una prisión. Y, aun así, nos dice que no nos preocupemos por nada. ¿Cómo se atreve? Porque había descubierto un secreto espiritual: la ansiedad se vence, no con más control, sino con más entrega. No con más planificación, sino con más oración.

La ansiedad prospera donde hay silencio con Dios. Pero se disuelve cuando le hablas a Dios, cuando le cuentas tus miedos, cuando decides agradecer aun en medio de la incertidumbre. La oración no cambia mágicamente las circunstancias, pero transforma nuestra perspectiva. Nos conecta con la verdad.

Y la verdad es esta: Dios está contigo. Él no está nervioso por tu situación. No se le ha escapado nada. Su paz no es lógica, pero es real. Y esa paz tiene una función: guardar tu corazón y tu mente. No como un muro rígido, sino como una presencia constante que te recuerda que no estás solo.

Vencer la ansiedad con la verdad es tomar cada pensamiento que te altera y reemplazarlo por una promesa que te afirma. Es respirar profundo y declarar: "Dios está aquí, Dios tiene el control, y yo confío". Esa es la batalla que se gana de rodillas, con manos levantadas y con un corazón dispuesto a creer, aunque no entienda todo.

Aplicación

Haz una lista de las cosas que te están causando ansiedad hoy. Luego, por cada una, escribe una promesa bíblica que puedas declarar. Ora sobre cada tema, y al final del día, repite en voz alta: "La paz de Dios guarda mi mente y mi corazón" hasta que se vuelva tu verdad interior.

Oración

Señor, reconozco que muchas veces he permitido que la ansiedad gobierne mi mente. Hoy vengo a ti con mis cargas. Te entrego mis miedos, mis dudas y mi futuro. Lléname con tu paz que sobrepasa todo entendimiento. En el nombre de Jesús, amén.

Para memorizar

Isaías 26:3 (NTV) – *"Tú guardarás en perfecta paz a todos los que confían en ti; a todos los que concentran en ti sus pensamientos."*

Frase del día

"La ansiedad no puede coexistir con la presencia de la verdad." — *A.W. Tozer*

Preguntas para meditar

- ¿Qué pensamiento ansioso necesitas rendir hoy a Dios?

- ¿Has aprendido a identificar la raíz de tu ansiedad?

- ¿Qué promesa bíblica puedes declarar cada vez que la ansiedad intente volver?

Espacio Personal

Reflexionar: (Sobre las preguntas del día o lo que más te impactó)

Lo que Dios me dijo hoy: (Un pensamiento, una palabra, una convicción del Espíritu)

Lo que rendiré ante Dios hoy: (Actitudes, temores, pensamientos, decisiones)

Registro de cambio: (Lo que Dios está transformando en mí)

Compromiso personal: (Un paso concreto que daré hoy)

DÍA 11 – MÁS ALLÁ DEL RECHAZO

Texto base

Isaías 53:3 (NTV) *Fue despreciado y rechazado, hombre de dolores, conocedor del dolor más profundo. Nosotros le dimos la espalda y desviamos la mirada. Fue despreciado, y no nos importó.*

Reflexión

El rechazo deja una marca invisible, pero profunda. Puede venir de una figura paterna, de una relación rota, de una amistad traicionada, o incluso de la iglesia. Cuando alguien nos rechaza, nuestra mente comienza a construir una narrativa peligrosa: "no valgo", "no soy suficiente", "algo está mal conmigo".

Jesús sabe lo que es ser rechazado. No solo fue ignorado o subestimado, fue completamente despreciado. El que tenía toda la gloria fue ignorado por los suyos. Y lo vivió para que tú y yo sepamos que nuestro valor no depende de la aceptación de los demás.

El rechazo no define tu identidad. Define el corazón de quien te rechazó, pero no define tu valor ante Dios. Si permites que el rechazo anide en tu mente, afectará tus decisiones, tus relaciones y tu percepción de ti mismo. Pero si lo enfrentas con la verdad, puedes romper el ciclo y sanar.

Más allá del rechazo está el amor incondicional de un Dios que te conoce y aun así te elige. No por lo que haces, sino por lo que eres para Él. Eres aceptado, perdonado, amado y redimido. No tienes que mendigar afecto cuando el cielo ya te abrió sus brazos.

Hoy, Dios quiere sanar tu mente herida por el rechazo. Quiere cerrar puertas de dolor y abrir caminos de restauración. La voz del rechazo te dice "no vales". La voz de Dios dice "eres mi hijo amado". Elige cuál voz vas a creer hoy.

Aplicación

Toma un momento para escribir el nombre de la persona o personas cuyo rechazo todavía te duele. Luego, escribe una declaración: "Hoy elijo perdonar y soltar esta herida. Mi valor no depende de su aceptación, sino del amor de Dios". Ora por esa persona si estás listo, y permite que la sanidad comience.

Oración

Señor, gracias porque tú conoces el dolor del rechazo. Hoy te entrego cada herida, cada recuerdo que me ha hecho sentir menos. Sana mi mente, sana mi corazón. Recuérdame cada día que mi identidad está en ti, no en la opinión de otros. En el nombre de Jesús, amén.

Para memorizar

Salmos 27:10 (NTV) *– "Aunque mi padre y mi madre me abandonen, el Señor me mantendrá cerca."*

Frase del día

"El rechazo de los hombres nunca puede cancelar la aceptación de Dios." — T.D. Jakes

Preguntas para meditar

- ¿Qué rechazo del pasado aún afecta cómo piensas de ti mismo?
- ¿Has intentado definir tu valor por la opinión de otros?
- ¿Cómo te ayuda saber que Jesús también fue rechazado?

Espacio Personal

Reflexionar: (Sobre las preguntas del día o lo que más te impactó)

Lo que Dios me dijo hoy: (Un pensamiento, una palabra, una convicción del Espíritu)

Lo que rendiré ante Dios hoy: (Actitudes, temores, pensamientos, decisiones)

Registro de cambio: (Lo que Dios está transformando en mí)

Compromiso personal: (Un paso concreto que daré hoy)

DÍA 12 – PERDONAR PARA AVANZAR

Texto base

Colosenses 3:13 (NTV) Sean comprensivos con las faltas de los demás y perdonen a todo el que los ofenda. Recuerden que el Señor los perdonó a ustedes, así que ustedes deben perdonar a otros.

Reflexión

El perdón no es un sentimiento. Es una decisión que abre la puerta al avance. Muchas personas están espiritualmente estancadas, no por falta de oración o ayuno, sino porque hay alguien que todavía no han perdonado. El perdón no hace que lo que te hicieron esté bien, pero te libera para seguir caminando.

Guardar resentimiento es como beber veneno esperando que otro sufra. La amargura no se queda callada, envenena tus pensamientos, tus palabras, tu salud y hasta tu relación con Dios. Por eso la Palabra nos exhorta: así como el Señor nos perdonó, así también perdonemos.

Jesús no esperó que tú te arrepintieras para ofrecerte el perdón. Él tomó la iniciativa. El perdón es eso: gracia activa, amor en acción, una señal de madurez espiritual. No se trata de olvidar lo que pasó, sino de dejar de permitir que eso controle tu futuro.

Cuando decides perdonar, no estás diciendo "no me dolió", estás diciendo "no voy a vivir prisionero de este dolor". Estás eligiendo avanzar, sanar y madurar. Estás declarando que el pasado no tendrá la última palabra sobre tu vida.

Hoy es un buen día para abrir las manos del alma y soltar. Soltar la deuda emocional. Soltar la necesidad de venganza. Soltar el peso que te ha detenido. Porque donde hay perdón, hay libertad. Y donde hay libertad, hay espacio para lo nuevo de Dios.

Aplicación

Haz una lista de las personas que necesitas perdonar, incluso si ya no están presentes en tu vida. Ora por cada una, y haz una declaración en voz alta: "Hoy elijo perdonar, no porque lo merezcan, sino porque yo necesito avanzar".

Oración

Padre, tú me has perdonado tanto, y hoy decido extender ese perdón a otros. Aunque duela, aunque me cueste, quiero soltar la carga del resentimiento. Enséñame a amar como tú amas, a liberar como tú liberas. Dame fuerza para perdonar y avanzar. En el nombre de Jesús, amén.

Para memorizar

Efesios 4:32 (NTV) – *"Sean amables unos con otros, sean de buen corazón y perdónense unos a otros, tal como Dios los ha perdonado a ustedes por medio de Cristo."*

Frase del día

"Perdonar no cambia el pasado, pero sí libera tu futuro." — Max Lucado

Preguntas para meditar

- ¿A quién necesitas perdonar hoy?

- ¿Qué te impide dar ese paso?

- ¿Cómo afectaría tu vida emocional y espiritual el soltar esa ofensa?

Espacio Personal

Reflexionar: (Sobre las preguntas del día o lo que más te impactó)

Lo que Dios me dijo hoy: (Un pensamiento, una palabra, una convicción del Espíritu)

Lo que rendiré ante Dios hoy: (Actitudes, temores, pensamientos, decisiones)

Registro de cambio: (Lo que Dios está transformando en mí)

Compromiso personal: (Un paso concreto que daré hoy)

DÍA 13 – NO MÁS EXCUSAS

Texto base

Lucas 14:18 (NTV) *Pero todos comenzaron a poner excusas. Uno dijo: 'Acabo de comprar un campo y debo ir a inspeccionarlo. Por favor discúlpame'.*

Reflexión

Las excusas son trampas mentales que nos mantienen atados al mismo lugar mientras nos convencen de que no es nuestra culpa. Las usamos para justificar la inacción, la desobediencia o la falta de compromiso. Pero la realidad es que las excusas no cambian nada; solo retrasan lo que Dios quiere hacer contigo.

En la parábola de Lucas 14, Jesús muestra cómo muchos rechazan la invitación del Reino por razones aparentemente válidas: negocios, familia, responsabilidades. Pero detrás de cada excusa hay una decisión: elegir algo más sobre la voluntad de Dios.

Todos hemos usado excusas. "No tengo tiempo". "No estoy preparado". "Cuando mejore mi situación, entonces lo haré". Pero cada excusa que aceptas es una oportunidad que pospones. Y muchas veces, lo que pospones hoy se convierte en lo que lamentas mañana.

Dios no llama a los perfectos, llama a los disponibles. Él no necesita que tengas todo bajo control, solo que estés dispuesto a dar el primer paso. Cuando dejas de poner excusas, comienzas a caminar en obediencia. Y donde hay obediencia, hay propósito.

Hoy es el día para mirar al cielo y decir: "Se acabaron las excusas. Estoy listo para lo que tienes para mí". Porque si esperas el momento perfecto, nunca llegará. Pero si confías en el Dios perfecto, Él hará el resto.

Aplicación

Haz una lista de las excusas más comunes que usas cuando Dios te llama a hacer algo. Luego, escribe al lado de cada una acción contraria que puedas comenzar hoy. Por ejemplo, si tu excusa es 'no sé cómo', comprométete a aprender o a buscar ayuda.

Oración

Padre, perdóname por todas las veces que he puesto excusas para no obedecer tu llamado. Hoy decido dejar atrás mis justificaciones y abrazar tu voluntad. Dame valentía, disciplina y fe para caminar contigo sin demora. En el nombre de Jesús, amén.

Para memorizar

2 Timoteo 1:7 (NTV) – *"Pues Dios no nos ha dado un espíritu de temor y timidez sino de poder, amor y autodisciplina."*

Frase del día

"La obediencia comienza cuando terminan las excusas." — *Rick Warren*

Preguntas para meditar

- ¿Qué excusas han frenado tu crecimiento espiritual?

- ¿Qué temor se esconde detrás de tus justificaciones?

- ¿Qué decisión puedes tomar hoy para comenzar a obedecer sin excusas?

Espacio Personal

Reflexionar: (Sobre las preguntas del día o lo que más te impactó)

Lo que Dios me dijo hoy: (Un pensamiento, una palabra, una convicción del Espíritu)

Lo que rendiré ante Dios hoy: (Actitudes, temores, pensamientos, decisiones)

Registro de cambio: (Lo que Dios está transformando en mí)

Compromiso personal: (Un paso concreto que daré hoy)

DÍA 14 – UN NUEVO COMIENZO ES POSIBLE

Texto base

    Isaías 43:19 (NTV) Pues estoy a punto de hacer algo nuevo. ¡Mira! Ya he comenzado, ¿no lo ves? Haré un camino a través del desierto; crearé ríos en la tierra árida y baldía.

Reflexión

A veces sentimos que ya es demasiado tarde. Que el daño está hecho, que hemos fallado demasiadas veces o que no hay vuelta atrás. Pero Dios no escribe tu historia con tinta permanente de errores, sino con misericordia renovada.

Isaías 43:19 no es solo una promesa poética, es una declaración de poder: ¡Dios está haciendo algo nuevo! Incluso cuando tú no lo ves, Él ya comenzó. Incluso cuando sientes que todo está seco, Él promete ríos en la tierra árida.

Un nuevo comienzo no significa ignorar el pasado, sino permitir que Dios lo redima. Lo que fue desierto, Él lo convierte en camino. Lo que fue dolor, en testimonio. Lo que fue fracaso, en plataforma para su gloria. Nada está tan roto que Dios no pueda restaurar.

Pero para abrazar lo nuevo, hay que soltar lo viejo. No puedes avanzar si sigues atado a lo que perdiste, a lo que no funcionó, a quien ya no está. Dios te invita hoy a levantar la cabeza, abrir el corazón y creer que todavía hay más por vivir.

Un nuevo comienzo es posible, no porque tú seas fuerte, sino porque Él sigue siendo fiel. Así como sale el sol cada mañana, así es su gracia sobre tu vida. Comienza de nuevo. Camina de nuevo. Sueña de nuevo. Porque mientras Dios esté en tu historia, siempre habrá más páginas por escribir.

Aplicación

Haz una lista de las áreas de tu vida que sientes apagadas, secas o sin esperanza. Luego, ora específicamente por cada una y escribe una frase que te recuerde que Dios puede hacer algo nuevo en ellas.

Oración

Señor, gracias porque en ti siempre hay esperanza. Aunque no vea salida, tú estás haciendo camino. Hoy decido soltar el pasado y recibir el nuevo comienzo que tienes para mí. Haz florecer lo que está seco en mí. En el nombre de Jesús, amén.

Para memorizar

Lamentaciones 3:23 (NTV) – *"¡Grandes es su fidelidad; sus misericordias son nuevas cada mañana!"*

Frase del día

"Mientras tengas aliento, Dios sigue escribiendo tu historia." — David Jeremiah

Preguntas para meditar

- ¿Qué área de tu vida necesita un nuevo comienzo?

- ¿Estás dispuesto a soltar lo viejo para abrazar lo nuevo?

- ¿Cómo puedes abrir espacio en tu mente para lo que Dios ya ha comenzado a hacer?

Espacio Personal

Reflexionar: (Sobre las preguntas del día o lo que más te impactó)

Lo que Dios me dijo hoy: (Un pensamiento, una palabra, una convicción del Espíritu)

Lo que rendiré ante Dios hoy: (Actitudes, temores, pensamientos, decisiones)

Registro de cambio: (Lo que Dios está transformando en mí)

Compromiso personal: (Un paso concreto que daré hoy)

FIN DE SEMANA 2

Felicidades por llegar al final de la segunda semana! No es poca cosa haber caminado catorce días cultivando nuevos pensamientos, derribando mentiras y permitiendo que Dios edifique verdades en tu mente.

Esta semana no fue solo una serie de lecturas... fue una construcción espiritual. Has comenzado a levantar nuevas estructuras mentales, a renovar tu forma de ver el mundo, a redefinir tu identidad con base en lo que Dios dice de ti.

Puede que aún haya luchas. Puede que los pensamientos antiguos quieran volver. Pero tú ya no eres el mismo. Has comenzado a vivir de una manera diferente, porque ahora sabes que tienes el poder de elegir lo que alimentas en tu mente.

Sigue sembrando la Palabra. Sigue cancelando la mentira. Sigue afirmando la verdad. Lo que hoy parece pequeño, mañana será una fortaleza de fe. ¡Tu mente está siendo renovada para reflejar el corazón de Cristo!

Prepárate... lo mejor aún está por venir. La próxima semana te llevará a otro nivel de libertad y transformación. No te detengas ahora. Dios ya ha comenzado, y Él es fiel para terminar lo que comenzó.

INICIO DE SEMANA 3

REPROGRAMA TU MENTE

"No solo se trata de pensar diferente, sino de pensar como Cristo."

Has reconocido la batalla, has comenzado a construir nuevas formas de pensar... y ahora es momento de **reprogramar tu mente**.

¿Qué significa eso? Significa ir más allá de cambiar algunos pensamientos superficiales. Significa reemplazar viejos sistemas mentales, romper patrones arraigados, y comenzar a pensar como Dios piensa. Es permitir que la verdad de Su Palabra se convierta en la base sobre la cual filtras tus decisiones, tus emociones y tus expectativas.

En esta semana aprenderás que no todo pensamiento que tienes viene de Dios. Y que tú tienes el poder espiritual, en Cristo, para identificar, reemplazar y afirmar pensamientos que te alineen con su voluntad.

No basta con saber qué dice la Biblia. Hay que creerlo, meditarlo y vivirlo. La mente renovada no es solo informada por la Palabra, sino **transformada por ella**.

Esta semana aprenderás a:

- Discernir el origen de tus pensamientos.

- Reemplazar patrones mentales destructivos.

- Establecer verdades bíblicas como base de tu sistema de pensamiento.

Reprogramar tu mente es uno de los actos más espirituales que puedes hacer. Y aunque no sucede de la noche a la mañana, cada día que eliges pensar como Cristo, estás más cerca de vivir como Él vivió.

¡Prepárate para una semana profunda, desafiante y liberadora!

Día 15 – Aprende a pensar como Cristo

T exto base

Filipenses 2:5 (NTV) Tengan la misma actitud que tuvo Cristo Jesús.

Reflexión

Imagina lo que pasaría si cada decisión, reacción y pensamiento que tuvieras pasara primero por el filtro de Cristo. ¿Cómo respondería Jesús a esta situación? ¿Qué pensaría Él en medio de esta lucha? ¿Cómo vería Él a esa persona que yo no soporto?

Pensar como Cristo no es solo imitar sus acciones, sino adoptar su mentalidad. Es alinearte con su humildad, su compasión, su obediencia al Padre y su amor por los demás. Es dejar de preguntarte "¿Qué quiero hacer?" para comenzar a preguntarte "¿Qué glorifica a Dios?"

Jesús vivía en una mentalidad centrada en la voluntad de Dios. No se dejaba arrastrar por la opinión pública, ni por el orgullo personal, ni por la presión de sus emociones. Su mente estaba anclada en el propósito eterno, no en el problema momentáneo.

Aprender a pensar como Cristo es un proceso. No ocurre en un día, pero sí comienza con una decisión diaria. Cada vez que eliges perdonar, bendecir, servir o creer lo mejor, estás ejercitando la mente de Cristo en ti. No estás obligado a pensar como siempre has pensado. Tienes acceso a una mentalidad nueva, redimida, alineada con el cielo.

Y esa transformación no solo cambia tu forma de pensar... cambia tu forma de vivir. Porque cuando piensas como Cristo, comienzas a actuar como Cristo. Y cuando actúas como Cristo, el mundo nota que hay algo diferente en ti: una mente renovada por la presencia de Dios.

Aplicación

Enfrenta una situación complicada de tu día y pregúntate: ¿Cómo pensaría Jesús ante esto? Escribe tu respuesta y toma una decisión basada en ese pensamiento, no en tu emoción.

Oración

Señor, enséñame a pensar como tú. A ver como tú ves, a sentir como tú sientes, a actuar como tú actúas. Que cada pensamiento mío sea guiado por tu Espíritu. Renueva mi mente para que refleje tu corazón. En el nombre de Jesús, amén.

Para memorizar

1 Corintios 2:16 (NTV*) – "Nosotros tenemos la mente de Cristo."*

Frase del día

"La transformación más poderosa no comienza con las manos, sino con la mente."
— John Maxwell

Preguntas para meditar

- ¿Qué pensamientos en tu vida no reflejan la mente de Cristo?

- ¿Qué significa para ti tener la actitud de Jesús?

- ¿Qué cambios puedes hacer hoy para alinear tu pensamiento al de Cristo?

Espacio Personal

Reflexionar: (Sobre las preguntas del día o lo que más te impactó)

Lo que Dios me dijo hoy: (Un pensamiento, una palabra, una convicción del Espíritu)

Lo que rendiré ante Dios hoy: (Actitudes, temores, pensamientos, decisiones)

Registro de cambio: (Lo que Dios está transformando en mí)

Compromiso personal: (Un paso concreto que daré hoy)

DÍA 16 – CULTIVA PENSAMIENTOS DE VIDA

T exto base

Proverbios 4:23 (NTV) *Sobre todas las cosas, cuida tu corazón, porque este determina el rumbo de tu vida.*

Reflexión

Tu mente es como un jardín. Lo que siembras en ella, eso crece. Si siembras pensamientos de culpa, crecerá la vergüenza. Si siembras pensamientos de miedo, crecerá la ansiedad. Pero si siembras la verdad de Dios, crecerá la fe, la esperanza y la vida.

La Biblia nos dice que cuidemos nuestro corazón, y en el lenguaje hebreo, esa palabra implica mente, voluntad y emociones. En otras palabras: cuida lo que piensas, porque tus pensamientos establecen la dirección de tu vida.

¿Estás cultivando vida o estás cultivando muerte? ¿Estás alimentando tu mente con lo que edifica o con lo que destruye? Lo que consumes, lo que escuchas, lo que meditas, todo está sembrando algo. Y todo lo que siembras eventualmente da fruto.

Dios nos ha dado la responsabilidad de cuidar nuestro jardín mental. No podemos evitar que caigan semillas externas, pero sí podemos decidir qué regamos. Y lo que riegas, se fortalece. Por eso, hoy más que nunca, necesitamos llenar nuestra mente con pensamientos que vienen del cielo.

Pensamientos de vida no son frases motivacionales vacías. Son verdades eternas como: "Dios me ama", "No estoy solo", "Él tiene un plan", "Soy perdonado", "Hay esperanza", "Mi historia no ha terminado". Cultivar pensamientos de vida es declarar la verdad aun cuando las emociones digan lo contrario.

Hazlo con intención. Decide cada día qué vas a sembrar. Porque tu mente es el terreno donde Dios quiere edificar un destino glorioso. Pero primero, necesitas cuidar el jardín.

Aplicación

Haz un inventario de los pensamientos más frecuentes que tienes al despertar. ¿Son de miedo, culpa o frustración? Sustitúyelos con una lista de cinco declaraciones bíblicas de vida y repítelas cada mañana durante esta semana.

Oración

Padre, ayúdame a identificar los pensamientos que están contaminando mi mente. Hoy decido sembrar tu verdad, tu amor y tu esperanza. Enséñame a pensar en lo que es bueno, puro y verdadero. Haz de mi mente un terreno fértil para tu propósito. En el nombre de Jesús, amén.

Para memorizar

Filipenses 4:8 (NTV) – *"Concéntrense en todo lo que es verdadero, todo lo honorable, todo lo justo, todo lo puro, todo lo bello y todo lo admirable."*

Frase del día

"No puedes tener una vida positiva con una mente negativa." — *Tony Evans*

Preguntas para meditar

- ¿Qué tipo de pensamientos estás alimentando más a menudo?

- ¿Cómo afectan tus pensamientos la forma en que vives cada día?

- ¿Qué hábitos puedes cambiar para comenzar a cultivar pensamientos de vida?

Espacio Personal

Reflexionar: (Sobre las preguntas del día o lo que más te impactó)

Lo que Dios me dijo hoy: (Un pensamiento, una palabra, una convicción del Espíritu)

Lo que rendiré ante Dios hoy: (Actitudes, temores, pensamientos, decisiones)

Registro de cambio: (Lo que Dios está transformando en mí)

Compromiso personal: (Un paso concreto que daré hoy)

DÍA 17 – ESTABLECE NUEVOS HÁBITOS MENTALES

T exto base

Romanos 8:5 (NTV) *Los que están dominados por la naturaleza pecaminosa piensan en cosas pecaminosas, pero los que son controlados por el Espíritu Santo piensan en las cosas que agradan al Espíritu.*

Reflexión

Tu vida siempre se moverá en la dirección de tus pensamientos más dominantes. Y tus pensamientos más dominantes son producto de tus hábitos mentales. Lo que piensas constantemente se convierte en tu forma de ver el mundo, a Dios, a ti mismo y a los demás.

Muchas veces oramos por un cambio de vida sin cambiar nuestra manera de pensar. Queremos una vida nueva con una mente vieja. Pero el cambio espiritual comienza cuando empezamos a establecer nuevos hábitos mentales que estén alineados con el Espíritu de Dios.

Romanos 8:5 nos da una clave: lo que controla tu mente define tu vida. Si tus pensamientos están enfocados en lo negativo, en lo carnal o en lo mundano, eso es lo que va a dominarte. Pero si tu mente está llena del Espíritu, empezarás a vivir en libertad, propósito y paz.

Establecer nuevos hábitos mentales requiere intención. No es automático. Requiere que te disciplines para meditar en la Palabra, para filtrar lo que escuchas, para ser consciente de lo que estás pensando. Y sobre todo, para reemplazar lo que no edifica con lo que Dios dice.

Tu mente es como un músculo: cuanto más ejercitas ciertos pensamientos, más fuertes se vuelven. Hoy puedes comenzar a ejercitar una mente renovada, una mente enfocada en lo eterno, una mente que honra a Dios. Y cuando tus pensamientos cambian, tu destino cambia también.

Aplicación

Establece un hábito mental nuevo: por los próximos siete días, comienza cada mañana con una afirmación bíblica, y termina el día escribiendo una cosa por la que estás agradecido. Esto entrenará tu mente a comenzar con fe y terminar con gratitud.

Oración

Espíritu Santo, ayúdame a establecer hábitos mentales que te honren. Renueva mi mente con tu verdad, disciplina mis pensamientos y enfoca mi corazón en lo eterno. Quiero pensar como tú piensas, amar lo que tú amas y vivir en el propósito que tienes para mí. En el nombre de Jesús, amén.

Para memorizar

Colosenses 3:2 (NTV) – *"Piensen en las cosas del cielo, no en las de la tierra."*

Frase del día

"Los hábitos mentales que cultivas hoy construirán la vida espiritual que tendrás mañana." — Rick Warren

Preguntas para meditar

- ¿Qué patrones mentales necesitas dejar atrás?

- ¿Qué hábito mental nuevo puedes comenzar hoy?

- ¿Cómo puedes incluir la Palabra de Dios en tu rutina diaria de pensamiento?

Espacio Personal

Reflexionar: (Sobre las preguntas del día o lo que más te impactó)

Lo que Dios me dijo hoy: (Un pensamiento, una palabra, una convicción del Espíritu)

Lo que rendiré ante Dios hoy: (Actitudes, temores, pensamientos, decisiones)

Registro de cambio: (Lo que Dios está transformando en mí)

Compromiso personal: (Un paso concreto que daré hoy)

DÍA 18 – ELIMINA LAS COMPARACIONES

T exto base

Gálatas 6:4 (NTV) Presta mucha atención a tu propio trabajo, porque entonces obtendrás la satisfacción de haber hecho bien tu labor, y no tendrás que compararte con nadie más.

Reflexión

Compararte con otros es una de las maneras más rápidas de robarle paz a tu mente. En una cultura obsesionada con lo que tienen los demás, es fácil caer en la trampa de medir tu valor, tu éxito o incluso tu espiritualidad con base en el estándar de alguien más.

Pero la comparación siempre produce una de dos cosas: orgullo o inferioridad. Si te sientes mejor que otros, alimentas el ego. Si te sientes menos, cultivas inseguridad. Ninguna de las dos viene de Dios.

Gálatas 6:4 nos recuerda que nuestro enfoque debe estar en lo que Dios nos llamó a hacer. Cuando prestas atención a tu propia asignación, encuentras gozo en lo que estás construyendo. No necesitas competir, ni impresionar, ni probar nada. Solo necesitas ser fiel.

Cada uno tiene un proceso, un llamado y un ritmo distinto. No compares tu capítulo uno con el capítulo veinte de alguien más. Dios está escribiendo una historia única contigo, y tu responsabilidad no es copiar, sino obedecer.

Elimina las comparaciones. No eres menos porque otro parezca avanzar más rápido. No eres más porque tengas algo que otro no tiene. El propósito no se mide con aplausos, sino con obediencia. Y cuando tu mente está enfocada en lo que Dios dice de ti, no necesitas mirar al lado: sabes quién eres y a dónde vas.

Aplicación

Identifica un área de tu vida donde sueles compararte con otros: ministerio, familia, economía, apariencia. Luego escribe una declaración de gratitud por lo que sí tienes en esa área y ora para dejar de mirar al lado.

Oración

Señor, líbrame de las comparaciones que me hacen perder el enfoque. Quiero vivir con contentamiento, con gratitud y con claridad de propósito. Recuérdame cada día que mi valor viene de ti, no de la opinión ni del progreso de otros. En el nombre de Jesús, amén.

Para memorizar

2 Corintios 10:12 (NTV) – *"Pero ellos, al medirse con su propia medida y compararse unos con otros, cometen un grave error."*

Frase del día

"La comparación mata la gratitud y distorsiona el propósito." — *Dante Gebel*

Preguntas para meditar

- ¿Qué área de tu vida tiendes a comparar con la de otros?
- ¿Cómo te afecta emocional y espiritualmente esa comparación?
- ¿Qué verdad de Dios puedes afirmar hoy para contrarrestar ese hábito?

Espacio Personal

Reflexionar: (Sobre las preguntas del día o lo que más te impactó)

Lo que Dios me dijo hoy: (Un pensamiento, una palabra, una convicción del Espíritu)

Lo que rendiré ante Dios hoy: (Actitudes, temores, pensamientos, decisiones)

Registro de cambio: (Lo que Dios está transformando en mí)

Compromiso personal: (Un paso concreto que daré hoy)

Día 19 – Cambia tus palabras, cambia tu mundo

Texto base

Proverbios 18:21 (NTV) La lengua puede traer vida o muerte; los que hablan mucho cosecharán las consecuencias.

Reflexión

Tus palabras no son neutras. Cada vez que hablas, estás sembrando algo: esperanza o temor, fe o duda, vida o muerte. La Biblia no minimiza el poder de la lengua. De hecho, la llama un instrumento capaz de cambiar destinos, influir corazones y dar forma a tu realidad.

Muchas veces, nuestros patrones de pensamiento se refuerzan por lo que declaramos. Cuando dices "no puedo", alimentas la inseguridad. Cuando repites "nada va a cambiar", fortaleces la resignación. Pero cuando comienzas a hablar conforme a la verdad de Dios, algo cambia... primero en ti, luego a tu alrededor.

Hablar vida no significa negar la realidad. Significa proclamar la verdad superior del cielo. No se trata de repetir frases vacías, sino de declarar con fe lo que Dios ya ha dicho. "Soy perdonado", "Tengo propósito", "No estoy solo", "Dios está conmigo", "Mi historia no termina aquí".

Tus palabras pueden ser un río de sanidad para ti y para otros. Pero también pueden ser cadenas si no las cuidas. Por eso, reprogramar tu mente también implica transformar tu lenguaje. Habla con intención. Declara con propósito. Elige sembrar vida.

Hoy, toma conciencia de tu vocabulario habitual. ¿Qué estás diciendo sobre ti mismo, sobre tu futuro, sobre tu familia? Recuerda: tus palabras no solo describen tu mundo, también lo construyen.

Aplicación

Durante este día, anota todas las frases negativas que digas o pienses. Luego, reemplázalas con una declaración bíblica de verdad. Comprométete a repetirlas todos los días por una semana.

Oración

Señor, perdóname por cada palabra que no ha edificado. Hoy decido hablar con fe, con esperanza y con verdad. Que mis palabras reflejen tu corazón y construyan un mundo nuevo. Pon guarda en mis labios y haz de mi boca un instrumento de bendición. En el nombre de Jesús, amén.

Para memorizar

Efesios 4:29 (NTV) – "No empleen un lenguaje grosero ni ofensivo. Que todo lo que digan sea bueno y útil, a fin de que sus palabras resulten de estímulo para quienes las oigan."

Frase del día

"Tus palabras son profecías personales que dan forma a tu futuro." — Tony Evans

Preguntas para meditar

- ¿Qué tipo de palabras usas más frecuentemente sobre ti y los demás?

- ¿Cómo cambiaría tu entorno si eliges hablar vida todos los días?

- ¿Qué necesitas dejar de decir para comenzar a declarar la verdad de Dios?

Espacio Personal

Reflexionar: (Sobre las preguntas del día o lo que más te impactó)

Lo que Dios me dijo hoy: (Un pensamiento, una palabra, una convicción del Espíritu)

Lo que rendiré ante Dios hoy: (Actitudes, temores, pensamientos, decisiones)

Registro de cambio: (Lo que Dios está transformando en mí)

Compromiso personal: (Un paso concreto que daré hoy)

Día 20 – Entrena tu enfoque espiritual

Texto base

Hebreos 12:2 (NTV) Esto lo hacemos al fijar la mirada en Jesús, el campeón que inicia y perfecciona nuestra fe.

Reflexión

En un mundo saturado de distracciones, desarrollar un enfoque espiritual es más importante que nunca. Hay tantas voces compitiendo por tu atención, pero solo una voz trae vida: la de Jesús. La Escritura nos llama a fijar nuestra mirada en Él, no de forma casual, sino con intención, como quien entrena la vista para reconocer lo verdadero en medio del ruido.

Tu mente irá en la dirección de tu enfoque. Si te concentras en el problema, crecerá tu ansiedad. Si te concentras en las críticas, crecerá tu inseguridad. Pero si te enfocas en Cristo, crecerá tu fe. Por eso, no se trata solo de eliminar pensamientos negativos, sino de sustituirlos con la verdad que libera.

Entrenar el enfoque espiritual es como fortalecer un músculo: requiere práctica constante. Comienza el día meditando en la Palabra. Habla con Dios antes de hablar con el mundo. Y cuando las preocupaciones intenten distraerte, decide regresar la mirada a Jesús.

Jesús no es solo nuestro ejemplo; Él es nuestro enfoque. No estás llamado a correr la carrera mirando al lado, ni hacia atrás. Tu mirada debe estar adelante, en Aquel que comenzó la obra en ti y la perfeccionará.

Hoy es un buen día para reajustar tu enfoque. No estás perdido, solo necesitas mirar de nuevo a Jesús. Él es el campeón. Él es la meta. Y cuando lo haces, todo lo demás toma su lugar.

Aplicación

Escoge un versículo que te recuerde enfocarte en Jesús. Escríbelo en una tarjeta o en tu celular y léelo cada vez que te sientas distraído o desanimado durante el día. Hazlo por una semana.

Oración

Jesús, tú eres mi enfoque. Ayúdame a apartar mis ojos del ruido, la distracción y la mentira. Quiero mirar tu rostro en todo momento. Renueva mi visión y afina mi enfoque espiritual. Que mi fe crezca mientras mantengo mi mirada en ti. En tu nombre, amén.

Para memorizar

Colosenses 3:1-2 (NTV) – *"Pongan la mira en las verdades del cielo, donde Cristo está sentado... piensen en las cosas del cielo, no en las de la tierra."*

Frase del día

"La dirección de tu vida sigue el enfoque de tu fe." — John Maxwell

Preguntas para meditar

- ¿Qué está ocupando la mayor parte de tu atención últimamente?

- ¿Cómo puedes intencionalmente entrenar tu enfoque en Cristo?

- ¿Qué distracciones necesitas rendir para reenfocarte en lo eterno?

Espacio Personal

Reflexionar: (Sobre las preguntas del día o lo que más te impactó)

Lo que Dios me dijo hoy: (Un pensamiento, una palabra, una convicción del Espíritu)

Lo que rendiré ante Dios hoy: (Actitudes, temores, pensamientos, decisiones)

Registro de cambio: (Lo que Dios está transformando en mí)

Compromiso personal: (Un paso concreto que daré hoy)

DÍA 21 – PIENSA CON PROPÓSITO

Texto base

Efesios 5:15-17 (NTV) Así que tengan cuidado de cómo viven. No vivan como necios, sino como sabios. Saquen el mayor provecho de cada oportunidad en estos días malos. No actúen sin pensar, más bien procuren entender lo que el Señor quiere que hagan.

Reflexión

Pensar con propósito es una decisión. Es negarse a vivir en piloto automático, simplemente reaccionando a lo que el día trae. Es tomar el control de tu enfoque mental y dirigirlo hacia lo que realmente importa.

Pablo nos exhorta en Efesios a vivir como sabios, no como necios. ¿Cuál es la diferencia? El sabio vive con intención; el necio vive por impulso. El sabio filtra sus pensamientos a través del propósito eterno; el necio sigue cualquier idea que pase por su mente.

Dios no te creó para vivir distraído ni confundido. Te dio una mente capaz de alinearse con su voluntad, de enfocarse en lo eterno, y de tomar decisiones que construyen tu destino. Pero eso requiere entrenamiento diario. Cada pensamiento que no se alinea con el propósito de Dios debe ser sustituido.

Piensa con propósito cuando filtras lo que consumes. Piensa con propósito cuando decides cómo reaccionar. Piensa con propósito cuando eliges qué conversación tener y qué batalla evitar. No todo pensamiento merece tu atención. No toda preocupación merece tu energía. No toda crítica merece una respuesta.

Tu mente no está a la deriva. Es el timón de tu vida. Y Dios te ha dado el poder de llevarla a puerto seguro... si decides pensar con propósito.

Aplicación

Antes de tomar una decisión importante esta semana, detente y hazte esta pregunta: ¿Esto se alinea con el propósito de Dios para mi vida? Permite que esa reflexión dirija tu camino.

Oración

Señor, quiero vivir con intención. Ayúdame a pensar con propósito, a enfocar mi mente en lo que edifica, y a tomar decisiones que te honren. No quiero vivir por impulso, sino con dirección y sabiduría. Guía cada uno de mis pensamientos. En el nombre de Jesús, amén.

Para memorizar

Proverbios 16:3 (NTV) – *"Pon todo lo que hagas en manos del Señor, y tus planes tendrán éxito."*

Frase del día

"Una mente enfocada en el propósito de Dios es una vida dirigida por el cielo." — Rick Warren

Preguntas para meditar

- ¿Qué decisiones recientes no han reflejado propósito?

- ¿Cómo puedes desarrollar el hábito de pensar antes de actuar?

- ¿Qué necesitas eliminar para pensar y vivir con más intención?

Espacio Personal

Reflexionar: (Sobre las preguntas del día o lo que más te impactó)

Lo que Dios me dijo hoy: (Un pensamiento, una palabra, una convicción del Espíritu)

Lo que rendiré ante Dios hoy: (Actitudes, temores, pensamientos, decisiones)

Registro de cambio: (Lo que Dios está transformando en mí)

Compromiso personal: (Un paso concreto que daré hoy)

FIN DE SEMANA 3

Llegaste al final de la Semana 3! Has trabajado con valentía en una de las tareas más profundas: reprogramar tu mente. No ha sido fácil, pero cada día has dado un paso más hacia la libertad que Cristo compró para ti.

Esta semana te enfrentaste a tus pensamientos automáticos, a tus comparaciones, a tus palabras descuidadas. Pero también comenzaste a cultivar verdad, enfoque y propósito. Has aprendido que la mente no cambia por accidente, sino con intención y disciplina espiritual.

Y aunque el proceso continúa, ya puedes ver señales de transformación. Estás pensando con más claridad. Estás reaccionando con más madurez. Estás eligiendo con más fe. No te detengas ahora. La próxima semana te llevará a consolidar lo aprendido y a abrir espacio para nuevas dimensiones del cambio. ¡Dios está formando en ti la mente de Cristo!

Sigue firme. Sigue enfocado. Porque estás más cerca de la victoria de lo que imaginas. ¡Animo!

Inicio de Semana 4

Vive la transformación

"El cambio real no solo se piensa... ¡se vive!"

Has caminado tres semanas de descubrimiento, rendición y renovación. Has enfrentado batallas internas, desafiado pensamientos viejos y sembrado nuevas verdades. Ahora, es tiempo de vivir la transformación.

La renovación de la mente no es un ejercicio teórico; es una experiencia viva que impacta tu carácter, tus relaciones, tus decisiones y tu fe. En esta última etapa, vas a consolidar los cambios que has abrazado, y verás cómo Dios comienza a usarlos para manifestar Su propósito en tu vida diaria.

Transformación no es perfección, es progreso. No se trata de nunca fallar, sino de no volver a pensar como antes. Es vivir en una nueva mentalidad, una nueva perspectiva, una nueva identidad. Esta semana, aprenderás a sostener el cambio, a caminar con convicción, y a declarar con tu vida que ¡Cristo ha renovado tu mente!

En esta semana descubrirás:
- Cómo afirmar diariamente tu identidad en Cristo.

- Cómo resistir volver a patrones mentales antiguos.

- Cómo vivir desde la verdad, no desde la emoción.

Prepárate, porque esta semana no es el final... ¡es el comienzo de tu nueva manera de vivir!

Día 22 – Renueva tu identidad en Cristo

Texto base

2 Corintios 5:17 (NTV) *Esto significa que todo el que pertenece a Cristo se ha convertido en una persona nueva. La vida antigua ha pasado; ¡una nueva vida ha comenzado!*

Reflexión

Muchos cristianos caminan con una nueva fe, pero con una identidad vieja. Se sienten perdonados, pero no renovados. Creen en Jesús, pero siguen definiéndose por su pasado, sus errores o su condición actual. Pero la verdad es esta: si estás en Cristo, no solo estás perdonado... estás hecho nuevo.

Tu identidad no depende de tus logros ni de tus fracasos. No depende de tu apellido, tu historia familiar, tu nivel educativo o tu cuenta bancaria. Depende de una sola cosa: lo que Dios ha dicho sobre ti.

Y Dios dice que eres su hijo. Que eres amado. Escogido. Redimido. Aceptado. Equipado. Renovado. Y que nada ni nadie puede arrebatarte esa identidad. Tu valor no cambia por tu comportamiento. Tu lugar en el corazón de Dios es seguro.

Renovar tu identidad en Cristo implica hablar, pensar y actuar desde esa verdad. Significa no dejar que el pasado te etiquete. Significa dejar de tratarte como lo que fuiste, y comenzar a vivir como quien realmente eres.

Cuando entiendes tu identidad, cambian tus decisiones. Porque cuando sabes quién eres, también sabes lo que no eres. Y cuando sabes a quién perteneces, dejas de buscar validación en los lugares equivocados.

Hoy es el día para soltar cualquier etiqueta que no provenga del cielo. No eres tu error. No eres tu debilidad. No eres tu trauma. Eres nueva criatura en Cristo.

La vida antigua ha pasado. ¡Una nueva vida ha comenzado!

Aplicación

Escribe en una hoja o en tu diario espiritual diez afirmaciones que reflejen tu identidad en Cristo. Repite esas frases cada mañana esta semana, y elimina intencionalmente cualquier pensamiento que contradiga esa verdad.

Oración

Padre, gracias por darme una nueva identidad. Ayúdame a vivir desde esa verdad, a caminar como quien ha sido hecho nuevo, y a rechazar cualquier pensamiento que intente etiquetarme fuera de tu gracia. Hoy afirmo que soy quien tú dices que soy. En el nombre de Jesús, amén.

Para memorizar

Gálatas 2:20 (NTV*) – "Ya no vivo yo, sino que Cristo vive en mí."*

Frase del día

"Tu identidad no está en lo que haces, sino en a quién perteneces." — David Jeremiah

Preguntas para meditar

- ¿Qué mentiras sobre ti mismo has creído?
- ¿Qué verdades bíblicas puedes declarar para afirmar tu identidad en Cristo?
- ¿Cómo sería tu vida si caminaras todos los días recordando quién eres en Dios?

Espacio Personal

Reflexionar: (Sobre las preguntas del día o lo que más te impactó)

Lo que Dios me dijo hoy: (Un pensamiento, una palabra, una convicción del Espíritu)

Lo que rendiré ante Dios hoy: (Actitudes, temores, pensamientos, decisiones)

Registro de cambio: (Lo que Dios está transformando en mí)

Compromiso personal: (Un paso concreto que daré hoy)

DÍA 23 – FORTALECE TU FE CON LA VERDAD

T**exto base**

Romanos 10:17 (NTV) *Así que la fe viene por oír, es decir, por oír la Buena Noticia acerca de Cristo.*

Reflexión

La fe no aparece mágicamente. Se cultiva. Se fortalece. Y su combustible es la verdad. En un mundo saturado de mentiras, donde las emociones gobiernan y los temores gritan más fuerte que la esperanza, la verdad de Dios se convierte en el ancla firme de nuestra fe.

Romanos 10:17 nos recuerda que la fe viene por el oír, y lo que debemos oír es la Palabra de Cristo. No se trata solo de escuchar sermones o leer versículos al azar. Se trata de exponernos diariamente a la verdad que tiene el poder de renovar nuestra mente, dirigir nuestras decisiones y levantar nuestro espíritu.

Cuando tu mente se llena de la verdad, tu fe se levanta. Porque comienzas a ver las circunstancias desde el punto de vista de Dios, no desde tus limitaciones. La verdad te recuerda quién es Él, qué ha prometido y lo que ya ha hecho.

La fe no ignora la realidad, pero la trasciende. No niega el dolor, pero lo enfrenta con esperanza. No elimina las dudas de forma instantánea, pero las somete a la verdad del evangelio.

Hoy, tienes el poder de fortalecer tu fe con lo que eliges alimentar tu mente. ¿Estás meditando en tus miedos o en la fidelidad de Dios? ¿Estás creyendo lo que sientes o lo que Él ha dicho?

Recuerda: cada palabra que Dios ha pronunciado sobre ti es verdad. Y esa verdad, cuando es recibida y creída, fortalece tu fe para vencer cualquier tormenta.

Aplicación

Haz una lista de cinco promesas bíblicas que fortalezcan tu fe. Escríbelas en lugares visibles o configúralas como recordatorios diarios en tu teléfono. Repite una cada vez que sientas desánimo o duda.

Oración

Señor, fortalece mi fe con tu verdad. Ayúdame a escuchar tu voz más que cualquier otra. Que tus promesas sean mi fundamento, y tu Palabra, mi guía. Hoy decido creer lo que tú dices, aunque no lo vea aún. Gracias por hablarme y renovarme. En el nombre de Jesús, amén.

Para memorizar

Isaías 55:11 (NTV) – *"Así también es mi palabra. El envío y siempre produce fruto; logrará todo lo que yo quiero y prosperará en todos los lugares donde yo la envíe."*

Frase del día

"Tu fe se fortalece cuando tu mente se alimenta de la verdad." — A.W. Tozer

Preguntas para meditar

- ¿Qué estás escuchando más: la verdad de Dios o las mentiras del enemigo?

- ¿Qué verdad necesitas recordar hoy para fortalecer tu fe?

- ¿Cómo puedes incorporar más de la Palabra de Dios en tu rutina diaria?

Espacio Personal

Reflexionar: (Sobre las preguntas del día o lo que más te impactó)

Lo que Dios me dijo hoy: (Un pensamiento, una palabra, una convicción del Espíritu)

Lo que rendiré ante Dios hoy: (Actitudes, temores, pensamientos, decisiones)

Registro de cambio: (Lo que Dios está transformando en mí)

Compromiso personal: (Un paso concreto que daré hoy)

Día 24 – Rompe con el pasado

T exto base

Filipenses 3:13-14 (NTV) *...me concentro únicamente en esto: olvido el pasado y fijo la mirada en lo que tengo por delante, y así avanzo hasta llegar al final de la carrera para recibir el premio celestial...*

Reflexión

Hay personas que no están encadenadas físicamente, pero sí mental y emocionalmente, porque viven atrapadas en su pasado. Los errores, las heridas, las traiciones o incluso las glorias pasadas se convierten en anclas que impiden avanzar. Pero en Cristo, el pasado no define tu futuro: ¡la cruz lo redime!

Pablo tenía muchas razones para vivir atado al ayer: fue perseguidor de la iglesia, cometió errores graves y enfrentó muchos fracasos. Pero él aprendió un secreto: enfocarse en lo que viene, no en lo que fue. Él decidió avanzar.

Romper con el pasado no significa negar lo que ocurrió. Significa rendirlo al Señor, aprender lo que sea necesario y luego soltarlo. La fe no se mueve en retroceso. Se mueve hacia adelante. Y Dios no está en tu pasado reviviendo tus errores; Él está delante de ti, llamándote hacia lo nuevo.

Quizás alguien te falló. Quizás tú fallaste. Quizás todavía llevas cicatrices. Pero si Cristo ya lo perdonó, ¿por qué sigues cargándolo? Hoy, puedes elegir perdonar, sanar y cerrar ese capítulo.

La renovación de tu mente también implica aceptar que ya no eres esa persona. Ya no estás en ese lugar. Ya no estás definido por lo que hiciste, sino por lo que Dios está haciendo en ti.

Avanza. Hay un premio delante. Hay vida más allá del dolor. Y hay propósito después del fracaso. Elige mirar hacia adelante, porque Dios ya no está escribiendo en el capítulo viejo... está creando uno nuevo.

Aplicación

Toma unos minutos para escribir una carta dirigida a tu pasado. Exprésale lo que necesitas soltar, perdonar o cerrar. Luego, ora entregándola a Dios y declara que desde hoy caminas hacia lo nuevo.

Oración

Señor, hoy decido romper con todo lo que me ata al pasado. Suelto las culpas, los miedos y las heridas. Declaro que ya no vivo en el ayer, sino en el propósito que tú me revelas hoy. Dame fuerzas para avanzar y fe para esperar lo nuevo que estás haciendo. En el nombre de Jesús, amén.

Para memorizar

Isaías 43:18-19 (NTV) – "Pero olvida todo eso: no es nada comparado con lo que voy a hacer. Pues estoy a punto de hacer algo nuevo."

Frase del día

"Tu pasado puede ser parte de tu historia, pero no es tu destino." — T.D. Jakes

Preguntas para meditar

- ¿Qué heridas o errores del pasado necesitas entregar a Dios?

- ¿Cómo ha limitado tu pasado tu forma de pensar o actuar?

- ¿Qué pasos puedes dar hoy para avanzar hacia el futuro que Dios tiene para ti?

Espacio Personal

Reflexionar: (Sobre las preguntas del día o lo que más te impactó)

Lo que Dios me dijo hoy: (Un pensamiento, una palabra, una convicción del Espíritu)

Lo que rendiré ante Dios hoy: (Actitudes, temores, pensamientos, decisiones)

Registro de cambio: (Lo que Dios está transformando en mí)

Compromiso personal: (Un paso concreto que daré hoy)

DÍA 25 – CONFÍA EN EL PROCESO

Texto base

Filipenses 1:6 (NTV) Y estoy seguro de que Dios, quien comenzó la buena obra en ustedes, la continuará hasta que quede completamente terminada el día que Cristo Jesús vuelva.

Reflexión

Una de las luchas más comunes al renovar la mente es la impaciencia. Queremos resultados inmediatos, cambios visibles, respuestas rápidas. Pero el cambio verdadero no es un evento... es un proceso. Y los procesos requieren tiempo, constancia y fe.

Filipenses 1:6 nos recuerda una verdad poderosa: Dios no solo comienza la obra, Él también la perfecciona. No se trata de que tú tengas todo resuelto hoy. Se trata de confiar que Aquel que comenzó a transformar tu mente, tu carácter y tu corazón no se detendrá hasta terminarlo.

El proceso puede incluir caídas, retrocesos, silencios y desiertos. Pero todo eso también es parte del crecimiento. A veces no ves el fruto porque aún estás en la etapa de raíces. Pero las raíces profundas sostienen grandes frutos. Así que no te desesperes si no todo ha cambiado todavía. Dios sigue trabajando.

Confiar en el proceso es saber que cada día cuenta. Que cada pensamiento rendido, cada mentira confrontada y cada verdad afirmada te están llevando más cerca de tu destino.

Hoy, deja de medir tu progreso con ansiedad. Míralo con esperanza. Dios no ha terminado contigo. Y si Él no se rinde contigo, tú tampoco te rindas con Él. Lo que parece pequeño ahora, será testimonio mañana. Solo sigue caminando. ¡Confía en el proceso!

Aplicación

Escribe una carta a ti mismo recordándote que estás en proceso. Incluye verdades bíblicas, promesas y recordatorios de lo que Dios ya ha hecho. Léela cada vez que sientas que no avanzas.

Oración

Señor, gracias por no rendirte conmigo. Aun cuando no lo veo todo claro, confío en que estás obrando. Enséñame a caminar con paciencia y a confiar que tu obra en mí es constante y perfecta. Hoy descanso en tu fidelidad. En el nombre de Jesús, amén.

Para memorizar

Salmo 138:8 (NTV) – *"El Señor llevará a cabo los planes que tiene para mi vida..."*

Frase del día

"Dios no trabaja a prisa, pero nunca llega tarde." — *Rick Warren*

Preguntas para meditar

- ¿Qué parte del proceso te está costando aceptar?

- ¿Cómo puedes recordarte diariamente que Dios no ha terminado contigo?

- ¿Qué frutos ya puedes ver como evidencia de tu crecimiento espiritual?

Espacio Personal

Reflexionar: (Sobre las preguntas del día o lo que más te impactó)

Lo que Dios me dijo hoy: (Un pensamiento, una palabra, una convicción del Espíritu)

Lo que rendiré ante Dios hoy: (Actitudes, temores, pensamientos, decisiones)

Registro de cambio: (Lo que Dios está transformando en mí)

Compromiso personal: (Un paso concreto que daré hoy)

DÍA 26 – LA MENTE DE CRISTO EN TI

T exto base

1 Corintios 2:16 (NTV) ...nosotros tenemos la mente de Cristo.

Reflexión

¿Te has detenido a pensar qué significa tener la mente de Cristo? No es una metáfora espiritual. Es una realidad poderosa que el Espíritu Santo hace posible en cada creyente. La mente de Cristo no es solo conocer sus pensamientos, es adoptar su actitud, su sensibilidad, su obediencia, su visión del Padre.

Tener la mente de Cristo no significa pensar perfecto, pero sí pensar alineado con el cielo. Es ver a las personas como Él las ve, responder con gracia donde otros reaccionan con ira, vivir para agradar al Padre más que al mundo.

Muchos piensan que renovar la mente es simplemente dejar de pensar mal. Pero Dios quiere ir más allá: quiere que pienses como Cristo. Él desea moldear tu carácter, tus decisiones y tus reacciones desde un lugar de comunión profunda.

¿Qué pasaría si comenzaras cada día diciendo: "Hoy quiero pensar como Jesús pensaría"? ¿Qué pasaría si antes de responder, de juzgar, de rendirte o de decidir, te preguntaras: ¿Qué actitud tomaría Cristo aquí?

Eso es vivir con su mente. Y no es un esfuerzo humano; es un fruto del Espíritu. Es el resultado de una vida rendida. La mente de Cristo no se impone, se forma en ti cuando pasas tiempo con Él, cuando dejas que su Palabra te limpie, y cuando tu deseo es más agradarlo que tener la razón.

Hoy, pídele a Dios que no solo transforme tus pensamientos, sino que te dé la mente de su Hijo. Porque cuando piensas como Jesús, actúas con su poder, hablas con su sabiduría y amas con su compasión.

Aplicación

Durante el día de hoy, cada vez que enfrentes una decisión o una emoción fuerte, haz una pausa y pregúntate: ¿Cómo pensaría Jesús en este momento? Luego responde o actúa en consecuencia.

Oración

Padre, gracias porque no solo me das salvación, sino también la mente de tu Hijo. Hoy me rindo para que pienses en mí, actúes en mí y me transformes desde lo profundo. Hazme más como Jesús en mi forma de pensar, amar y vivir. En su nombre, amén.

Para memorizar

Filipenses 2:5 (NTV) – *"Tengan la misma actitud que tuvo Cristo Jesús."*

Frase del día

"Tener la mente de Cristo es dejar de reaccionar como humano y comenzar a responder como el cielo." — Tony Evans

Preguntas para meditar

- ¿En qué áreas de tu vida más necesitas la mente de Cristo?

- ¿Cómo cambia tu manera de actuar cuando piensas como Él?

- ¿Estás dispuesto a rendir tus pensamientos para ser formado como Jesús?

Espacio Personal

Reflexionar: (Sobre las preguntas del día o lo que más te impactó)

Lo que Dios me dijo hoy: (Un pensamiento, una palabra, una convicción del Espíritu)

Lo que rendiré ante Dios hoy: (Actitudes, temores, pensamientos, decisiones)

Registro de cambio: (Lo que Dios está transformando en mí)

Compromiso personal: (Un paso concreto que daré hoy)

DÍA 27 – CONQUISTA CON PENSAMIENTOS DE VICTORIA

T exto base

Romanos 8:37 (NTV) A pesar de todas estas cosas, nuestra victoria es absoluta por medio de Cristo, quien nos amó.

Reflexión

Una mente renovada no solo evita pensamientos negativos; se fortalece con pensamientos de victoria. Porque tu actitud mental determina tu altitud espiritual. Lo que crees internamente, se refleja externamente. Y como hijos de Dios, no estamos llamados a vivir derrotados, sino en victoria.

Romanos 8:37 no niega que hay tribulaciones, dolor, persecución o escasez. Pero afirma algo más fuerte: en todo eso, somos más que vencedores. No por nuestras fuerzas, sino por medio de Cristo que nos amó. Ese amor es lo que asegura nuestra victoria.

Los pensamientos de derrota son sutiles: "No voy a poder", "Siempre me pasa lo mismo", "No hay salida para mí". Pero cada uno de esos pensamientos debe ser reemplazado por lo que Dios dice: "Todo lo puedo en Cristo", "Mis misericordias son nuevas cada mañana", "Yo haré caminos en el desierto".

Conquistar comienza en la mente. Antes de que David venciera a Goliat, ya lo había derrotado en su interior. Antes de que Josué tomara Jericó, Dios le había dicho: "Te he entregado la ciudad." Dios te da promesas antes de mostrarte los resultados. Y tu mente es el campo de entrenamiento donde decides si crees o no.

Hoy es el día de comenzar a pensar como alguien que ya ha vencido. Porque en Cristo, ¡ya lo eres! No estás peleando por la victoria, estás peleando desde la victoria. Y esa verdad lo cambia todo. Llena tu mente con promesas, afirma tu fe y declara lo que Dios ha dicho... hasta que tu vida lo refleje.

Aplicación

Haz una lista de afirmaciones de victoria basadas en la Palabra de Dios. Dile al enemigo quién eres en Cristo y recuerda diariamente que no estás solo en esta batalla. ¡Eres más que vencedor!

Oración

Señor, gracias porque en ti tengo victoria. Hoy decido pensar, hablar y actuar como vencedor. Reemplazo la duda por fe, la derrota por promesa y el temor por amor. Que mi mente sea terreno fértil para tus planes. En el nombre de Jesús, amén.

Para memorizar

1 Juan 5:4 (NTV) – *"Pues todo hijo de Dios vence a este mundo de maldad, y logramos esa victoria por medio de nuestra fe."*

Frase del día

"La batalla se gana primero en la mente... luego en la vida." — *John Maxwell*

Preguntas para meditar

- ¿Qué pensamientos de derrota necesitas reemplazar hoy?

- ¿Qué promesas de victoria estás dispuesto a declarar en fe?

- ¿Cómo cambia tu forma de vivir al entender que ya eres más que vencedor?

Espacio Personal

Reflexionar: (Sobre las preguntas del día o lo que más te impactó)

Lo que Dios me dijo hoy: (Un pensamiento, una palabra, una convicción del Espíritu)

Lo que rendiré ante Dios hoy: (Actitudes, temores, pensamientos, decisiones)

Registro de cambio: (Lo que Dios está transformando en mí)

Compromiso personal: (Un paso concreto que daré hoy)

Día 28 – Persevera en la Transformación

Texto base

Gálatas 6:9 (NTV) *Así que no nos cansemos de hacer el bien. A su debido tiempo, cosecharemos numerosas bendiciones si no nos damos por vencidos.*

Reflexión

La transformación no es un evento de un solo día, es un compromiso diario. Muchos comienzan con entusiasmo, pero pocos perseveran hasta el final. ¿Por qué? Porque cambiar duele, incomoda, estira. Pero también bendice, eleva y libera.

Gálatas 6:9 nos anima a no cansarnos. Porque en el camino de la renovación hay días en que no se siente progreso, días donde reaparecen viejos hábitos, días donde la mente se quiere rendir. Pero en esos días, lo más espiritual que puedes hacer es seguir adelante.

La perseverancia es la evidencia de la fe verdadera. Es la convicción de que, aunque no veas todavía la cosecha, sabes que la semilla está obrando bajo tierra. Es levantarte una vez más después de caer. Es creer que Dios honra cada paso de obediencia, por más pequeño que parezca.

Muchos abandonan el proceso porque esperaban perfección inmediata. Pero Dios nunca pidió perfección, pidió perseverancia. Él sabe que eres un trabajo en proceso. Y mientras tú no te detengas, Él tampoco lo hará.

Hoy te animo: sigue renovando tu mente. Sigue declarando la verdad. Sigue perdonando. Sigue creyendo. Sigue sembrando en tu espíritu. La transformación profunda toma tiempo, pero su fruto permanece para siempre.

Tu constancia es adoración. Tu persistencia es una predicación silenciosa. Y tu perseverancia, ¡es una ofrenda agradable al Señor!

Aplicación

Haz una lista de los avances espirituales y mentales que has experimentado en este proceso. Agradécele a Dios por cada uno y pídele fortaleza para continuar. Comparte con alguien tu testimonio.

Oración

Señor, dame un corazón constante. Ayúdame a no rendirme en medio del proceso, sino a confiar que tú estás formando algo eterno en mí. Hazme fuerte en los días difíciles y enfocado en los días buenos. Hoy decido seguir transformándome en ti. En el nombre de Jesús, amén.

Para memorizar

Romanos 5:4 (NTV) *– "La constancia desarrolla un carácter firme, y el carácter fortalece nuestra esperanza segura de salvación."*

Frase del día

"No te rindas. El proceso que hoy te incomoda mañana será tu testimonio." — Dante Gebel

Preguntas para meditar

- ¿Qué obstáculos han intentado frenarte en este proceso?

- ¿Cómo puedes fortalecer tu perseverancia espiritual?

- ¿Qué verdades te motivan a continuar aun cuando no ves resultados inmediatos?

Espacio Personal

Reflexionar: (Sobre las preguntas del día o lo que más te impactó)

Lo que Dios me dijo hoy: (Un pensamiento, una palabra, una convicción del Espíritu)

Lo que rendiré ante Dios hoy: (Actitudes, temores, pensamientos, decisiones)

Registro de cambio: (Lo que Dios está transformando en mí)

Compromiso personal: (Un paso concreto que daré hoy)

Fin de Semana 4

Felicidades, guerrero de la mente! Has llegado al final de la cuarta semana, y no solo has leído palabras... has peleado batallas internas, conquistado pensamientos, abrazado verdades y permitido que Cristo transforme lo más profundo de ti: tu mente.

Este viaje de treinta días no ha sido fácil. Has tenido que soltar, confiar, cambiar hábitos, confrontar heridas y renovar tu manera de pensar. Pero cada día que elegiste perseverar, fue un paso más cerca del propósito de Dios para tu vida.

Quizás no todo ha cambiado aún, pero algo dentro de ti ya no es igual. Has aprendido que el verdadero cambio no comienza con lo que te rodea, sino con lo que está dentro de ti. Y ese cambio interno es el que genera fruto eterno.

Esta semana te desafió a vivir la transformación. Ahora te animo a caminar en ella todos los días. No regreses atrás. No aceptes pensamientos que ya fueron vencidos. No te conformes con menos de lo que Dios ya empezó en ti.

¡Sigue adelante! Permanece firme en lo que has aprendido. Proclama las verdades que ya abrazaste. Ayuda a otros a comenzar su propio proceso. ¡Tú eres evidencia de que el cambio es posible!

Gracias por confiar en esta guía. Pero más aún, gracias por confiar en Dios. Él es fiel en completar lo que comenzó. Así que levanta tu rostro, afirma tu fe, y declara con gozo:"

¡Estoy listo para el cambio... y Cristo ya me está transformando!"

Inicio de Semana 5
Establece el cambio

"*No se trata solo de comenzar con entusiasmo, sino de mantener lo aprendido.*"

Bienvenido a la Semana 5. Has llegado a los últimos dos días de este viaje transformador, y esta semana tiene un propósito muy especial: ayudarte a **establecer el cambio como estilo de vida**.

No se trata solo de comenzar con entusiasmo, sino de mantener lo aprendido. De cultivar la mente renovada con prácticas diarias. De seguir caminando con convicción, aun cuando no haya emoción.

Dios ha comenzado una buena obra en ti. En estas semanas has confrontado el pasado, has soltado cargas, afirmado verdades y reprogramado tu mente. Ahora es momento de consolidarlo todo. De afirmar en tu espíritu que el cambio no fue temporal, ¡sino eterno!

Prepárate para cerrar este proceso con fuerza, con gozo y con fe. Porque el cambio no termina aquí... aquí es donde realmente comienza.

Día 29 – Vive como piensas

Texto base

Proverbios 23:7 (RVR1960) Porque cuál es su pensamiento en su corazón, tal es él...

Reflexión

Tus pensamientos no son pasajeros inofensivos. Son arquitectos de tu carácter, tus decisiones y tu futuro. Lo que meditas, se convierte en lo que crees. Lo que crees, se refleja en cómo vives. Por eso, vivir una vida transformada implica más que saber verdades bíblicas... ¡implica caminar como alguien que las ha abrazado de verdad!

El sabio en Proverbios nos dice que somos lo que pensamos. Eso quiere decir que, si tus pensamientos están alineados con Dios, tu vida lo reflejará. Pero si tu mente sigue siendo gobernada por el temor, la culpa o la mentira, aunque digas creer, tus acciones mostrarán lo contrario.

Dios te ha estado renovando día tras día en este proceso. Pero ahora es momento de afirmarlo con tu estilo de vida. Tu conducta debe testificar de tu convicción. Tus palabras deben mostrar tu sanidad. Tus relaciones deben evidenciar tu libertad.

Vivir como piensas es dejar de ser contradictorio entre lo que declaras y lo que haces. Es vivir con coherencia, con intención y con propósito. Es llevar la mente renovada a tu familia, tu trabajo, tu comunidad.

Y no, no se trata de vivir perfecto, sino alineado. Cuando tropieces, vuelve a pensar como Dios piensa. Cuando dudes, vuelve a recordar la verdad. Cuando temas, vuelve a declarar quién eres en Cristo.

Hoy más que nunca, el mundo necesita creyentes que piensen como Cristo... y vivan como Él. Que no solo hablen de transformación, ¡sino que la modelen!

Vivir como piensas es honrar lo que Dios ha hecho en ti. Y eso, Pastor, es adoración en acción.

Aplicación

Haz un repaso de las verdades que Dios te ha enseñado durante estos 29 días. Escoge una para enfocarte hoy y vive de forma intencional como alguien que cree profundamente esa verdad.

Oración

Señor, gracias porque tu Palabra no solo me transforma por dentro, sino que me llama a vivir diferente por fuera. Ayúdame a caminar como alguien que ha sido renovado, restaurado y llamado. Quiero vivir como pienso... y pensar como tú piensas. En el nombre de Jesús, amén.

Para memorizar

Proverbios 4:26 (NTV) – *"Traza un sendero recto para tus pies; permanece en el camino seguro."*

Frase del día

"La mente renovada no es teoría... se demuestra con acciones." — *Rick Warren*

Preguntas para meditar

- ¿Estás viviendo de acuerdo a lo que crees?

- ¿Qué hábitos necesitas ajustar para reflejar tu nueva mentalidad?

- ¿Cómo puedes ser ejemplo de transformación en tu entorno?

Espacio Personal

Reflexionar: (Sobre las preguntas del día o lo que más te impactó)

Lo que Dios me dijo hoy: (Un pensamiento, una palabra, una convicción del Espíritu)

Lo que rendiré ante Dios hoy: (Actitudes, temores, pensamientos, decisiones)

Registro de cambio: (Lo que Dios está transformando en mí)

Compromiso personal: (Un paso concreto que daré hoy)

DÍA 30 – UN DÍA A LA VEZ, UNA MENTE RENOVADA

T exto base

> *Lamentaciones 3:22-23 (NTV) El fiel amor del Señor nunca se acaba. Sus misericordias jamás terminan. Grande es su fidelidad; sus misericordias son nuevas cada mañana.*

Reflexión

Llegaste al día treinta. Has caminado paso a paso por una jornada de renovación, y aunque este devocional llega a su fin, tu proceso apenas comienza. La renovación de la mente no es una meta que se alcanza de una vez. Es una decisión diaria. Es levantarte cada mañana y decir: "Hoy también elijo pensar como Dios piensa."

Dios no espera que seas perfecto, pero sí disponible. Cada día trae nuevos retos, emociones y decisiones. Pero también cada día viene cargado de nuevas misericordias. Y eso significa que siempre tienes una nueva oportunidad para alinear tu mente con la verdad del cielo.

No te presiones por todo lo que aún quieres cambiar. Celebra lo que ya ha cambiado. Honra lo que Dios ha hecho en ti. Y sobre todo, sigue cultivando el hábito de renovar tu mente con Su Palabra, Su presencia y Su voz.

Una mente renovada es como un jardín: necesita cuidado constante. Hay que quitar malas hierbas, sembrar buenas semillas, y regar con paciencia. Hoy, y todos los días que vienen, puedes hacer eso mismo en tu interior.

Camina con la seguridad de que Dios te ha estado formando. Declara que tu mente no volverá atrás. Cree que el cambio verdadero es posible... si lo haces un día a la vez.

Has sido llamado a vivir transformado. Y ese llamado comienza en lo más profundo de tu mente. Así que respira profundo, agradece y di con fe: "Señor, ¡hoy también elijo vivir con una mente renovada!"

Aplicación

Tómate unos minutos para agradecerle a Dios por los 30 días. Escribe una declaración de compromiso que resuma todo lo que has aprendido y guárdala en un lugar visible para leerla cada semana.

Oración

Padre, gracias por cada día, por cada palabra, por cada transformación que has sembrado en mí. Hoy me comprometo a seguir caminando contigo, a renovar mi mente con tu verdad y a vivir reflejando a Cristo. Un día a la vez... contigo. En el nombre de Jesús, amén.

Para memorizar

Romanos 12:2 (NTV) – *"Dejen que Dios los transforme en personas nuevas al cambiarles la manera de pensar."*

Frase del día

"El cambio no es un evento, es una disciplina diaria." — David Jeremiah

Preguntas para meditar

- ¿Qué hábitos nuevos necesitas seguir fortaleciendo?

- ¿Cómo planeas continuar alimentando tu mente con la verdad?

- ¿A quién puedes animar a comenzar este mismo proceso de transformación?

Espacio Personal

Reflexionar: (Sobre las preguntas del día o lo que más te impactó)

Lo que Dios me dijo hoy: (Un pensamiento, una palabra, una convicción del Espíritu)

Lo que rendiré ante Dios hoy: (Actitudes, temores, pensamientos, decisiones)

Registro de cambio: (Lo que Dios está transformando en mí)

Compromiso personal: (Un paso concreto que daré hoy)

CONCLUSIÓN

Has llegado al final de este viaje de 30 días... pero no al final de tu transformación. Al contrario, ahora comienzas a vivir desde una nueva perspectiva, una nueva mentalidad, una nueva vida.

Has enfrentado batallas internas, has desarraigado mentiras y sembrado verdad. Has aprendido a pensar como Cristo, a callar la voz del pasado, a construir pensamientos de vida y a vivir como alguien verdaderamente renovado.

Este devocional fue una herramienta, pero el verdadero cambio vino del Espíritu Santo. Él ha sido tu guía, tu fuerza, tu maestro. Y Él seguirá contigo cada día, recordándote quién eres y hacia dónde vas.

No permitas que el cansancio, las dudas o las viejas voces te roben lo que Dios ya ha sembrado en ti. Afirma cada día tu compromiso de vivir con una mente renovada. Aférrate a la verdad. Cree en tu transformación. Sigue caminando en fe.

Que cada paso que des, cada decisión que tomes, cada palabra que hables... sean el reflejo de lo que Dios ha hecho en tu mente y corazón.

Recuerda esto: el cambio real no sucede en un instante, pero sí comienza en uno. Y tú tuviste el valor de comenzar. Ahora camina con propósito. Vive con fe. Ama con libertad. Y nunca olvides...

*** ¡El que comenzó en ti la buena obra, la perfeccionará hasta el día de Cristo Jesús! ***

DESAFÍO FINAL

✱ No regreses a lo de antes

Llegaste al final...
pero en realidad, este es solo el comienzo de una nueva vida.
Durante treinta días rendiste tu mente a Dios.
Cuestionaste mentiras.
Plantaste verdad.
Lloraste, oraste, escribiste, luchaste...
Y sobre todo: decidiste cambiar.
Pero ahora viene lo más importante: sostener el cambio.

Aquí está tu desafío:

- Vuelve a leer tu propio proceso. Repasa tus respuestas, tus oraciones, tus compromisos escritos. Ahí hay evidencia de lo que Dios ya comenzó a hacer.

- Escoge una frase o versículo que será tu ancla. Escríbelo. Enmárcalo. Pégalo en tu pared. Déjalo hablarte todos los días.

- Comprométete con alguien. Habla con un mentor, pastor o amigo maduro en la fe. Dile: "No quiero volver atrás. Ayúdame a seguir caminando."

- *Ora esta oración todos los días por los próximos 30 días: *Señor, rindo mi mente a ti. Transforma mis pensamientos. Ayúdame a pensar como Cristo. No quiero ser el mismo. Quiero vivir en tu verdad, un día a la vez. En el nombre de Jesús, amén.**

- Ahora discípula a alguien más. Si este libro impactó tu vida, regálaselo a alguien más. No lo guardes. Hazlo herramienta para que otro también se levante.

Recuerda:

*El cambio no se sostiene con emoción, sino con convicción.**La mente que se rinde a Cristo... nunca regresa igual.*

— Pastor Yendy Phipps

BIBLIOGRAFÍA RECOMENDADA E INSPIRACIONES

Durante el desarrollo de este devocional, se citaron o fueron de inspiración algunas ideas, frases y enseñanzas de los siguientes autores y obras, cuyo legado espiritual ha edificado generaciones:

Autores & Libros –
- Rick Warren – *Una vida con propósito*

- A.W. Tozer – *La búsqueda de Dios*

- David Jeremiah – *Captura la mente de Cristo*

- Tony Evans – *Hombre del Reino / Kingdom Man*

- Pastor Dr. Agustín López – *La Iglesia Autentica*

- John Maxwell – *Las 15 leyes indispensables del crecimiento*

La Biblia –
- *Versión NTV (Nueva Traducción Viviente) *

- *RV60 (Reina Valera 1960) *

Agradezco profundamente el impacto de estos siervos de Dios, cuyas voces han fortalecido mi llamado y mi pasión por la renovación del pensamiento cristiano.

BIOGRAFÍA DEL AUTOR

Yendy Phipps es pastor, comunicador y líder espiritual con una profunda pasión por ver vidas transformadas por el poder de la Palabra de Dios. Fundador y pastor principal de la iglesia Centro Familiar Cristiano en Maryland, EE.UU., ha dedicado más de una década al servicio ministerial y a acompañar a personas en su jornada de sanidad interior, restauración y propósito.

Su estilo de enseñanza combina profundidad bíblica con aplicación práctica, siempre apuntando a la transformación integral del creyente. A través de su podcast "De las Lágrimas a la Esperanza" y diversas conferencias, Yendy inspira a miles a creer que en Cristo siempre hay una nueva oportunidad.

Junto a su esposa Mairelis, lidera conferencias matrimoniales, del ministerio 'Reencontrándonos'. Ambos están comprometidos con edificar familias fuertes, sanas y con propósito eterno.

Hay algo muy curioso que me pasa, y es que al llegar al final de un buen libro, siempre me siento un tanto nostálgico... porque siento que es el final de una buena historia y la despedida de un amigo. Pero en nuestro caso no será así. Podemos seguir conectados por medio de las redes sociales.

Me encantaría escuchar tu testimonio de cambio. Búscanos y acompáñanos en:
- YouTube, Spotify, Facebook, Instagram

Búscame como: ** Yendy Phipps**
Y recuerda siempre: **¡Somos de bendición!**

CRÉDITOS Y ESPACIO PARA TESTIMONIOS

E ste libro fue escrito y diseñado por el Pastor Yendy Phipps como una herramienta espiritual para impulsar la renovación de la mente y la transformación personal a través del poder de la Palabra de Dios.

Todos los derechos reservados. Prohibida su reproducción parcial o total sin permiso escrito del autor.

- Título: Listo para el cambio

- Subtítulo: *Metanoia* – Cambia tu mente y cambiarás tu vida

- Iglesia: Centro Familiar Cristiano

- Diseño de portada: Yendy Phipps

- Redes sociales: Facebook, Instagram, Spotify, YouTube

- Búscanos como: Yendy Phipps

Espacio para Testimonio o Notas Personales:

_____
_____
_____
_____
_____

www.ingramcontent.com/pod-product-compliance
Lightning Source LLC
Chambersburg PA
CBHW071326130626
46556CB00004B/1765